Sabine Seyffert

Komm mit auf meine Traumwiese

Autogenes Training für Kinder

Mit Zeichnungen von Katja Schild

Musikbär Verlag

Danke

Ich möchte mich ganz herzlich bei meiner Ausbilderin Ursel Neef bedanken, die mich auf einfühlsame Art und Weise gelehrt hat, Autogenes Training an andere Menschen weiterzugeben. Außerdem danke ich meinem Mann für den Mut, den er mir gemacht hat, dieses Buch zu schreiben. Ein Dankeschön auch meiner Freundin Katja für die gute Zusammenarbeit und die wunderschönen Bilder.

Inhaltsverzeichnis

Seite

1. Einführung

Der Umgang mit diesem Buch

Dieses Buch soll Kinder auf kindgerechte Art und Weise an das Autogene Training heranführen. Die Übungen werden deshalb so erklärt, daß sie die Kinder unmittelbar ansprechen. Bildliche Vorstellungshilfen und Stilleübungen verdeutlichen die Wirkung der einzelnen Übungen. Das Erlernen dieser Entspannungsmethode wird dadurch wesentlich vereinfacht. Kindern fällt es in der Regel leichter, sich mit Bildern, deren Aussage und Wirkung zu befassen als mit Worten. Von daher werden sich Kinder die Übungsformeln größtenteils in Bildern oder Erlebnissen vorstellen, um sie sich wieder in Erinnerung rufen zu können.

Es wurden zwei Schriftgrößen verwendet. Die Texte in Großschrift wenden sich an die Kinder. Sie sind so aufgebaut, daß sich das Kind auch alleine mit ihnen beschäftigen und sie erarbeiten kann.

Hallo,

sicherlich kennst Du Situationen, in denen Du einmal wieder viel neue Kraft, neue Energie oder einen „klaren Kopf" gebraucht hast. Vielleicht hast Du Dir dann gewünscht, daß Du zaubern könntest, um wieder fit zu werden. Ich kann Dir nicht verraten, wie man richtig zaubert, aber ich kann Dir zeigen, wie man wieder neue Kraft bekommt und sich richtig ausruhen kann, keine Angst mehr zu haben braucht und mutig ist. Das ist überhaupt nicht schwer. Was Dir dabei helfen kann, nennt man **Autogenes Training**. Autogenes Training hilft Menschen dabei, sich besser auszuruhen, konzentriert zu arbeiten, besser einschlafen zu können und ruhiger zu werden. Ich kenne sehr viele Kinder, die mir erzählen, wie aufgeregt sie in der Schule vor einer Arbeit sind oder wenn sie ihre Hausaufgaben vorlesen sollen. Die meisten Kinder sind müde und schlapp, wenn sie aus dem Kindergarten oder der Schule nach Hause kommen. Sie haben keine Lust mehr, irgend etwas zu tun . . .
Wenn Du Autogenes Training machst, wirst Du feststellen, wie erholsam das ist. Danach fühlst Du Dich ausgeruht und voller Kraft. Auch bevor Du mit den Hausaufgaben beginnst, solltest Du Autogenes Training machen, denn Du bist danach viel konzentrierter und aufmerksamer. Die Aufgaben wirst Du schneller und ohne viele Fehler lösen können. Na, wie wär's? Hast Du Lust, Autogenes Training kennenzulernen? Dann komm mit auf meine Traumwiese! Dort werde ich es Dir erklären . . .

Ganz viel Spaß und Erfolg wünscht Dir

Deine

Sabine

Das Autogene Training kann Dir helfen:

– Dich mal so richtig auszuruhen, wenn Du müde und schlapp bist.

– Ruhig zu werden, wenn Du aufgeregt bist (vor einer Klassenarbeit, vor einem Arztbesuch . . .)

– Besser und schneller einzuschlafen

– Aufgaben schneller und ohne viele Fehler zu erledigen.

– Gesund und fröhlich zu bleiben.

– Keine Angst zu haben (vor Dunkelheit, vor dem Alleinsein . . .)

– Kopfschmerzen zu lindern oder zu vermeiden.

– Deine Haut zu heilen, wenn Du unter einer Allergie leidest.

– Dich selbst zu mögen und gern zu haben.

– Mut zu haben und stark zu sein.

Informationen für Eltern

Liebe Eltern,

dieses Buch soll Ihr Kind auf einfühlsame Weise an das Autogene Training heranführen. Die 6 Grundübungen des klassischen Autogenen Trainings werden hier aufgezeigt. Ihr Kind bekommt den physischen Ablauf, den die einzelnen Übungen im Körper bewirken, kurz und verständlich erklärt. Zu jeder Übung sind außerdem Vorstellungshilfen aufgeführt, die Ihrem Kind beim erfolgreichen Lernen weiterhelfen werden. Zu den Übungen werden Stilleübungen oder Spiele als mögliche Einführung angeboten. Diese werden dem Kind als „Starthilfe" recht nützlich sein.

Alle Übungsformeln sind in Phantasiegeschichten eingebettet, um dem Kind das Lernen zu erleichtern und es interessanter zu gestalten. Diese Geschichten mit den Entspannungselementen des Autogenen Trainings wirken beruhigend und ausgleichend. Da das Kind in jeder Geschichte persönlich angesprochen und zum Miterleben aufgefordert wird, bleiben die Handlungen und Übungsformeln in guter Erinnerung, weil diese selbst „durchlebt" wurden. Außerdem wird die Phantasie und Kreativität des Kindes angeregt. Die Phantasiegeschichten lassen stets Raum, um sich eigene Vorstellungen und Bilder zu deren Ablauf zu machen, d. h., wenn von einer Traumwiese die Rede ist, kann sich das Kind seine eigene Wiese erträumen: die Größe der Wiese, welche Farben es dort gibt, ob Pflanzen oder Bäume dort wachsen, welche Tiere auf der Wiese leben etc.

Ich möchte Ihnen an dieser Stelle einige Tips und Regeln mit auf den Weg geben, die Ihnen und Ihrem Kind in Zukunft eine hilfreiche Stütze sein werden, wenn Sie sich mit dem Autogenen Training vertraut machen.

Ihre

Sabine Seyffert

Ein Wort an PädagogInnen

Liebe Pädagoginnen, liebe Pädagogen,

in meiner Tätigkeit als Erzieherin mußte ich immer wieder feststellen, wie überfordert bereits die Kinder sind. Die hohen Erwartungen der Gesellschaft, der übermäßige Medienkonsum und schlechte Wohnbedingungen lassen auch Kinder schon erheblich Streß erleben. Auch Sie werden wohl in Ihrem Tätigkeitsbereich bemerken können, daß die Kinder zunehmend unruhiger werden, unausgeglichen und nicht in der Lage sind, sich über einen längeren Zeitraum alleine zu beschäftigen oder ein Spiel zu Ende zu bringen.
Zu dieser Problematik kommt noch eine weitere hinzu: der anspruchsvolle Beruf, den Sie als PädagogIn ausüben. Sie tragen eine große Verantwortung, sind Ansprechpartner für Eltern, müssen die Probleme der Kinder auffangen und den Kindern ein vielschichtiges und interessantes Programm bieten.
Es ist in der heutigen Zeit unumgänglich geworden, auch mit Kindern zum Thema Entspannung zu arbeiten. Dies hilft nicht nur den Kindern, sondern auch Ihnen. Sie werden nach einiger Zeit registrieren können, daß die Kinder wesentlich ausgeglichener und konzentrierter sind, Gruppengefühl und Atmosphäre werden gefördert und intensiviert.
Wichtig ist, daß auch Sie in der Lage sind, sich in Streßsituationen zu entspannen und abzuschalten. Die Kinder lernen stets am Vorbild! Wenn Sie an einem turbulenten Tag die innere Ruhe und Ausgeglichenheit bewahren, so reagieren auch die Kinder mit Gelassenheit. Außerdem haben Kinder ein feines Gespür, ob Sie hinter dem, was Sie vermitteln, stehen, ob Sie wissen, wovon Sie sprechen. Haben Sie selbst noch nie eine Entspannungsmethode angewandt oder eine Phantasiereise gemacht, können Sie bei den Kindern die Lust auf Entspannung und Autogenes Training kaum wecken.

Wichtig für Sie als Pädagoge sind folgende Dinge:

- Bereiten Sie sich auf das jeweilige Entspannungsangebot vor. Das bietet Ihnen und auch den Kindern Sicherheit.
- Arbeiten Sie erst einmal in Kleingruppen. Nur so haben Sie die Möglichkeit, Anfangsprobleme der einzelnen Kinder aufzufangen. Die Kinder werden sich zudem wesentlich sicherer und geschützter fühlen. Für viele Kinder ist es anfangs sehr wichtig, etwas zu haben, was sie während der Stilleübung oder Phantasiereise festhalten können: ein Kuscheltier, ein Kissen oder eine Decke, in die sie sich einkuscheln können.
- Sorgen Sie für eine ruhige, behagliche Atmosphäre. Kinder finden es toll, wenn Blumen in der Mitte stehen, eine Duftlampe brennt oder eine Kerze angezündet wird.
- Informieren Sie die Eltern über die Entspannungsangebote. Führen Sie (vielleicht mit Hilfe einer/eines EntspannungspädagogIn) einen Elternabend zu diesem Thema durch. Der Elternabend könnte die Eltern über die Gruppensituation informieren, weswegen Kinder Entspannung nötig haben, wie ein solches Angebot aussieht etc. In Elternabenden meiner Kurse sind die Eltern immer sehr angetan, wenn ich mit ihnen eine Phantasiereise durchführe! Erst so können viele begreifen und nachempfinden, wie entspannend und erholend Ausflüge in die Phantasie sind.
- Entwickeln Sie mit den Kindern immer wiederkehrende Rituale. Diese bieten den Kindern Sicherheit, sie werden sich besser auf neue Stille- und Entspannungsübungen einlassen können.
- Zwingen Sie die Kinder nie, die Augen zu schließen oder eine Übung bis zuletzt mitzumachen, denn wenn das Kind sich unwohl fühlt, wird es sich nicht entspannen können.
- Wichtig bei der Entspannungsarbeit mit Kindern sind feste Regeln:
  - Nur wer einen bestimmten Gegenstand (Ball, Zauberstein o. ä.) in der Hand hat, darf reden. Die anderen hören dabei zu.
  - Wer seine Augen nicht schließen möchte, sucht sich an der Decke einen „Lieblingspunkt", den er während der Übung fixiert.
  - Kann oder mag ein Kind der Übung oder Geschichte nicht mehr folgen, darf es sich hinsetzen. Es muß aber still sein, bis die anderen fertig sind.

- Überfordern Sie die Kinder nicht, sondern beginnen Sie mit einer kürzeren Übung! So sehen Sie, in wieweit die Kinder diese aufnehmen und verarbeiten können.

- Ganz wichtig ist das Gespräch nach einer Übung. Die Kinder sollen die Möglichkeit haben, zu berichten, was Ihnen gefallen hat, was nicht, was sie gefühlt haben, ob etwas unangenehm war etc.

- Machen Sie die Entspannungsarbeit mit Kindern **regelmäßig.** Nur wenn die Übungen regelmäßig durchgeführt und wiederholt werden, wird ein Erfolg zu erkennen sein. Dennoch sollten Sie viel Geduld haben. Für viele Kinder ist es sehr schwer, sich beispielsweise nur 5 Minuten lang ruhig hinzulegen.

- Informieren Sie Ihre KollegInnen, damit Sie während eines Entspannungsangebots nicht gestört werden! Das ist ganz wichtig, denn wenn man gerade in einer Übung ist, ist die gesamte Wahrnehmung höchst sensibel und empfindlich.

- Falls Sie mit Musik arbeiten möchten, setzen Sie diese sparsam ein. Hören Sie sich das Lied vorher selbst erst einmal mit geschlossenen Augen an. Musik soll die Kinder nicht vom Text ablenken. Lassen Sie Musik lieber nach einer Geschichte laufen, z. B. wenn die Kinder malen oder träumen oder über die Geschichte sprechen.

- Reden Sie mit Ihren KollegInnen. Vielleicht haben sie Interesse, mit Ihnen gemeinsam ein „Entspannungsprojekt" zu starten und durchzuführen. So hätten Sie eine gute Austauschmöglichkeit.

Abschließend möchte ich es an dieser Stelle nicht versäumen, Ihnen mein Lob auszusprechen. Der Entschluß, mit Kindern Entspannungsangebote und Autogenes Training durchzuführen, bedeutet viel Eigeninitiative und Engagement. Trauen Sie sich! Sie werden feststellen, wieviel Spaß es macht, Kinder auf Phantasiereisen zu schicken, ihnen Wege zu zeigen, wie sie zur Ruhe kommen und sich entspannen können. Das Vertrauen und die Beziehung zu den Kindern wächst dabei. Auch die gesamte Atmosphäre in der Gruppe wird davon profitieren.

Ich wünsche Ihnen auf diesem neuen Weg mit den Kindern alles Gute und viel Spaß auf der Traumwiese . . .

Ihre

Sabine Seyffert

Die 10 goldenen Regeln

1. Lassen Sie dem Kind die Möglichkeit, das Autogene Training als etwas Eigenes zu haben. Wenn Ihr Kind auf Fragen nicht antworten will, drängen Sie es nicht, denn das Autogene Training soll den Druck, der auf ihm lastet, mindern und nicht vergrößern.

2. Ermutigen Sie Ihr Kind zum Üben und erklären Sie ihm, wie das Autogene Training helfen kann. Erst wenn Ihr Kind das Autogene Training selbst als sinnvoll betrachtet, wird es konstant weiterüben und Gefallen daran finden. Wenn es Hilfe beim Üben benötigt oder Fragen hat, bieten Sie Unterstützung an.

3. Schaffen Sie Ihrem Kind die Möglichkeit, in aller Ruhe das Autogene Training zu üben, und sehen Sie zu, daß es nicht dabei gestört wird, denn in der Übungsphase ist man in seiner Wahrnehmungsfähigkeit hochgradig sensibel. Geräusche nimmt man dann sehr viel intensiver wahr.

4. Reflektieren Sie einmal Ihr eigenes Verhalten in stressigen Situationen! Wie kommen Sie zur Ruhe? Wie schaffen Sie sich einen gesunden Ausgleich im Alltagsstreß?

   Es ist sehr sinnvoll, wenn auch Sie als Erwachsene(r) und Vorbild das Autogene Training erlernen. Sie können so die einzelnen Übungen besser verstehen und nachvollziehen. Außerdem ist ein Kind mehr zu motivieren, wenn es sieht, daß es mit seinen Problemen nicht im Stich gelassen wird. Viele Kinder denken, daß sie böse oder krank sind, wenn sie Autogenes Training erlernen sollen. Sie verstehen anfangs meist nicht, daß dies nichts Schlimmes ist. Im Gegenteil: Eigentlich sollte jeder Mensch eine Entspannungsmethode beherrschen und regelmäßig anwenden! Diese Angst können Sie Ihrem Kind nehmen, indem Sie auch Autogenes Training praktizieren.

5. Es ist wünschenswert, wenn Sie Ihrem Kind hin und wieder eine Phantasiegeschichte vorlesen. Dadurch bekommen Sie einen Einblick, wie diese Geschichten auf das Kind wirken und ob es die Wirkung der Übungen spüren und nachvollziehen kann. Außerdem haben Sie so die Möglichkeit, eine intensivere, vertrauensvolle Beziehung zu Ihrem Kind aufzubauen. Es ist leider selten geworden, daß Eltern ihren Kindern etwas vorlesen. Oft fehlt die Zeit. Außerdem ist es bequemer, Kassettenrekorder oder Fernseher anzuschalten. Sie werden sehen, wie sehr Ihr Kind das Vorlesen genießen wird. Sie merken beim Lesen, wie Ihr Kind die Geschichte aufnimmt. Bitte machen Sie es jedoch nicht zur Gewohnheit, die Geschichten immer vorzulesen, sonst wird Ihr Kind das selbständige

Üben schnell aufgeben und in stressigen Situationen nicht in der Lage sein, das Autogene Training selbst durchzuführen.

6. Wenn Ihr Kind beim Üben seine Augen nicht schließen will, zwingen Sie es nicht dazu. Am Anfang muß das Kind sich erst einmal mit den Übungen vertraut machen. Wenn es weiß, was es erwartet, wird es genug Vertrauen haben, um die Augen beim Üben geschlossen zu halten. Selbst Erwachsene tun sich meist schwer, wenn Sie das erste Mal Autogenes Training durchführen. Probieren Sie doch einfach mal gemeinsam mit Ihrem Kind, die Augen für eine Weile zu schließen. Sie werden feststellen, daß dies gar nicht so einfach ist.

7. Vergessen Sie nicht, daß es eine große Aufgabe für das Kind darstellt, alle Übungen des Autogenen Trainings zu erlernen und gezielt einzusetzen. Dies ist ein Prozeß, der seine Zeit brauchen wird. Die Folgen des Alltagsstresses haben sich auch nicht von einem auf den anderen Tag bemerkbar gemacht. Deswegen ist ein konstantes Üben und ständiges Wiederholen der einzelnen Übungen von großer Bedeutung.

8. Kinder lernen in der Regel recht schnell. Sie lassen die Übungen auf sich wirken und sind meist neugierig. Deshalb sollten Sie Ihrem Kind Anreize schaffen, das Autogene Training zu erlernen. Vielleicht helfen Sie ihm, eine gemütliche Ecke im Zimmer einzurichten, in der beispielsweise Kissen und eine Decke liegen. Manche Kinder mögen auch Duftlampen, die man mit ätherischen Ölen beträufelt. Eine gemütliche Atmosphäre hilft den Kindern, sich zu entspannen. Auch wir Erwachsene könnten uns nur schwer entspannen, wenn wir uns nicht rundum wohl fühlten.

9. Loben Sie Ihr Kind, wenn es regelmäßig übt und Ihnen davon berichtet.

10. Für ein Kind ist es meist eine schöne Erfahrung, das Autogene Training in einer Gruppe zu erlernen. Dort erfahren Kinder sehr schnell, daß auch andere Kinder Probleme haben, wenn sie vor einer Klassenarbeit aufgeregt sind, etwas vor der Klasse vortragen müssen oder abends Angst vor der Dunkelheit haben.

Was ist Autogenes Training

Autogenes Training ist eine Entspannungsmethode, die sehr einfach zu erlernen ist. Vor gut 70 Jahren hat der bekannte Berliner Nervenarzt Prof. Dr. J. H. Schultz diese Entspannungsmethode entwickelt. Er stellte fest, daß Patienten, die aus der Hypnose erwachten, von einer angenehmen Schwere und Wärme in ihren Gliedern berichteten und sich völlig entspannt fühlten.
J. H. Schultz teilte das Autogene Training in 6 Grundübungen (Schwere-, Wärme-, Atem-, Herz-, Bauch- und Stirnübung) auf, die durch Übungsformeln auf unseren Körper und Organismus wirken. Der Körper wird durch das regelmäßige Üben so auf diese Formeln programmiert, daß er nach einer gewissen Zeitspanne unmittelbar darauf reagieren wird.
Das Autogene Training kann problemlos überall und ohne besondere Kleidung angewandt werden. Da es sich Stück für Stück aus den einzelnen Übungen zusammensetzt, überfordert es den Übenden nicht.
Wendet man diese Entspannungsmethode regelmäßig an, wirkt sie sich positiv auf unseren Körper aus: Unser Immunsystem wird gestärkt, wir können stressige Situationen besser bewältigen, gehen aufmerksamer mit unserem Körper um, nehmen ihn intensiver wahr, sind konzentrierter, haben weniger Angst, sind mutiger, ausgeglichener und fröhlicher. Diese angenehme Wirkung des Autogenen Trainings kann man bereits nach kurzer Zeit des Übens feststellen.
Das Autogene Training bringt unseren Körper wieder in ein ausgewogenes Gleichgewicht. Im Normalfall sind Spannung und Entspannung für unser Leben notwendig und wechseln sich regelmäßig ab. Durch unseren überaus hektischen Alltag werden wir meist nur von Spannungszuständen beherrscht. Diese Anspannung nehmen wir sogar häufig mit in den Schlaf hinein, so daß wir am nächsten Morgen mit dem Gefühl aufwachen, überhaupt nicht geschlafen zu haben. Um diese Balance zwischen An- und Entspannung wieder herzustellen, läßt sich das Autogene Training gut anwenden.

Wieso sollen Kinder Autogenes Training erlernen

In meiner Tätigkeit als Erzieherin mußte ich immer wieder feststellen, wie sehr Kinder Entspannung und Ruhe nötig haben. Viele Kinder sind nicht in der Lage, sich für einige Minuten zu konzentrieren und still zu sitzen. Immer mehr Kinder leiden unter Bewegungsmangel und Reizüberflutung durch die Medien. Die Gruppenzahl in den Kindergärten steigt wieder an, ganz zu schweigen von der Klassenstärke in den Schulen. Eine individuelle Betreuung ist gar nicht mehr möglich. Pädagogen können auf Probleme und Sorgen der Kinder nicht eingehen oder sie gar beseitigen.
Durch unsere Konsumgesellschaft, die auch sehr leistungsorientiert ist, leiden schon Kinder erheblich unter Streß. Man denke nur an die Reize, die ständig auf die Kinder einwirken. Die Gruppen- oder Klassenräume sind verbaut und zugestellt. Der natürliche Bewegungsdrang der Kinder kann nicht befriedigt werden. Durch schlechte Wohnbedingungen haben die meisten auch zu Hause keine Möglichkeit, draußen zu spielen, die Natur zu erforschen, sich auszutoben oder interessante Dinge zu entdecken. Der Terminkalender ist durchgeplant wie bei den Erwachsenen. Schon für Kindergartenkinder ist der Wochenablauf festgelegt: Schwimmkurs, Turnverein, Musikschule, Spielgruppe, Bastelnachmittage etc. Die Kinder sind überfordert. Zudem kommen die hohen Leistungsanforderungen der Gesellschaft, Notendruck in der Schule, Probleme zu Hause, schlechte Zukunftsperspektiven.
Kinder brauchen einen gesunden Ausgleich, einen Ruhepol in ihrem Leben, aus dem sie neue Kraft schöpfen können. Autogenes Training hilft, sich wieder zu sammeln, die Konzentrationsfähigkeit zu steigern und ruhiger zu werden.
Ideal wäre es, wenn ein Kind mit den Übungen des Autogenen Trainings begänne, bevor psychosomatische Krankheiten ausbrechen oder in der Schule die Schwierigkeiten nicht mehr in den Griff zu bekommen sind. So nämlich wird das Kind die Übungen unbelastet und ohne große Schwierigkeiten nachvollziehen können.
In vielen Kindergärten und Grundschulen ist es mittlerweile zur Regel geworden, mit den Kindern Stille- und Entspannungsübungen durchzuführen. Die Unruhe der Kinder macht sich nämlich auch in den Einrichtungen bemerkbar und stört den ungehemmten, reibungslosen Ablauf. Pädagogen werden in Zukunft nicht umhin kommen, mit Kindern Ruhe und Stille zu erarbeiten, damit überhaupt eine Gruppenatmosphäre und eine angenehme Lautstärke zustande kommen kann.

2. Durchführung

Der richtige Übungsort

Das Autogene Training kann Dir also in so mancher Situation helfen, Dich richtig zu entspannen. Das Wort „Entspannung" hast Du sicherlich schon oft von Erwachsenen gehört. Wenn sich die Erwachsenen entspannen, dann möchten sie viel Ruhe haben und wollen nicht, daß man sie stört. Entspannen bedeutet, daß man sich ganz prima ausruht, zum Beispiel von der Schule, von anstrengenden Hausaufgaben, von einer langen Feier oder von einer Prüfung. Wenn Du Dich also entspannen willst, dann brauchst Du viel Ruhe und vor allen Dingen einen wunderschönen Ort, an dem Du Dich erholen und ausruhen willst. Nur so kannst Du mal alles andere vergessen und Dich richtig gut entspannen. Dabei hilft Dir das Autogene Training. Du kannst es im Sitzen oder im Liegen machen. Wie das genau funktioniert, erkläre ich Dir gleich. Erst einmal solltest Du Dir einen schönen Platz suchen, an dem Du das Autogene Training zu Hause machen möchtest. In der ersten Zeit solltest Du diesen Platz nicht wechseln, damit Du Dich an ihn gewöhnst und sicher wirst. Dieser Platz sollte nicht zu

hell, aber auch nicht zu dunkel sein. Du kannst ein Kuscheltier neben Dich setzen, wenn Du die Übungen machst, oder ein weiches Kissen, auf das Du Deinen Kopf legen kannst. Vielleicht möchtest Du Dich auch mit einer Decke zudecken.
Wichtig ist noch, daß Du an diesem Platz Ruhe hast. Beim Üben solltest Du nicht gestört werden. Vielleicht sagst Du Deinen Eltern oder Geschwistern vor dem Üben Bescheid. Wenn Du magst, kannst Du auch ein Schild malen, auf dem steht:

Das hängst Du einfach an die Tür.
Hast Du einen Ort gefunden, an dem Du üben möchtest, so hast Du zwei Möglichkeiten. Entweder Du übst im Liegen oder im Sitzen. Für den Anfang ist es einfacher, wenn Du im Liegen übst, denn Dein Körper weiß, daß er sich im Liegen entspannen soll, wie nachts, wenn Du im Bett liegst.

Übungshaltung im Liegen:

Du brauchst eine Decke oder Matte, auf die Du Dich legen kannst. Wenn Du möchtest, leg Dir ein Kissen unter den Kopf! Mache es Dir so richtig gemütlich. Du legst Dich der Länge nach auf den Rücken. Deine Arme liegen neben Deinem Körper, so daß auch Deine Fingerspitzen den Boden fühlen können. Deine Fußspitzen kannst Du ganz sacht auseinanderfallen lassen. Spüre einen Moment, ob Dich noch etwas kneift oder zwickt. Wenn Du möchtest, mache Deinen Gürtel ein Stück weiter, lege Deine Brille zur Seite oder öffne einen Knopf am Hemd. Wenn Du nun ganz bequem daliegst und Dich nichts mehr stört, schließe einfach Deine Augen und beginne mit dem Üben.

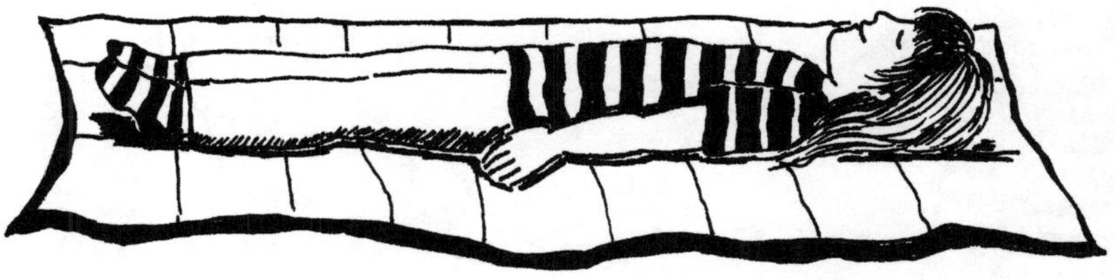

Übungshaltung im Sitzen:

Wenn Du mal keine Gelegenheit hast, im Liegen zu üben, oder wenn Du in der Schule vor einer Arbeit Autogenes Training machen möchtest, so setze Dich einfach auf einen Stuhl. Deine Beine sollten einen rechten Winkel bilden, die Füße liegen mit der gesamten Fußsohle am Boden auf. Richte Deinen Rücken erst mal ganz gerade auf und lasse dann den Kopf nach vorne fallen. Deine Arme sollen locker auf dem Oberschenkel liegen.
Dies nennt man den **Droschkenkutschersitz.** So haben sich damals die Kutscher, die den lieben langen Tag auf dem Kutschbock saßen, von den Anstrengungen des Tages erholt.
Auch wenn Du im Sitzen übst, schließt Du dabei Deine Augen.

Das Zurücknehmen einer Übung:

Nachdem Du mit dem Üben fertig bist, mußt Du die Übung zurücknehmen. Das ist wichtig, denn wenn Du übst, entspannst Du den ganzen Körper. Wenn Du eine Übung beendet hast, so muß Dein Körper mit all seinen Funktionen erst wieder „aufgeweckt" werden. Das geschieht durch das sogenannte Zurücknehmen: Atme ein paar Mal kräftig ein und aus. Dann recke und strecke Deinen Körper, bis Du Dich wieder voller Kraft fühlst. Vielleicht magst Du Dich mal räkeln wie eine Katze oder so groß machen wie ein Riese!?

Achtung!!!
Wenn Du am Abend übst, brauchst Du die Übung nicht zurückzunehmen. Abends soll Dir das Autogene Training nämlich helfen, besser einzuschlafen und nicht wieder fit zu werden. Mache Deine Übung wie gewohnt und versuche dann am Schluß, ruhig zu bleiben und einzuschlafen.

Das Üben

Es sollte am Anfang 2 bis 3 Mal am Tag für ca. 3 Minuten Autogenes Training geübt werden. Beherrscht Ihr Kind die einzelnen Übungen und spürt es die Wirkung, reicht es aus, wenn es einmal am Tag ca. 10 Minuten übt. Der Körper muß langsam an die Übungen herangeführt und mit ihnen vertraut gemacht werden. Dies wird seine Zeit brauchen. Sinnvoll ist es, das Üben fest in den Tagesablauf des Kindes zu integrieren. Sonst gerät Ihr Kind (Erwachsene übrigens auch) schnell in die Versuchung, das Autogene Training vor sich herzuschieben. Wenn es aber weiß, jeden Morgen vor der Schule oder jeden Mittag nach dem Essen mache ich Autogenes Training, ist dies eine große Hilfe. Das Üben wird so selbstverständlich wie das Frühstück oder der morgendliche Gang ins Bad.
Nur das regelmäßige Üben wird den Erfolg bringen und dem Kind ermöglichen, das Autogene Training gezielt einzusetzen.

Wichtiger Hinweis:

Wenn ein Kind mit dem Erlernen des Autogenen Trainings beginnt, sollte es die Übungen langsam, Stück für Stück, erarbeiten, damit kein Streß entsteht. Das heißt, Ihr Kind beginnt zuerst mit der ersten Übung „Die Schwere". Diese Übung sollte es mindestens eine Woche lang erlernen, bevor es sich der zweiten Übung zuwendet. Dies gilt für alle sechs Übungen. Sie merken durch die Erzählungen Ihres Kindes, wie groß die Erfolge sind. Fühlt Ihr Kind sich schließlich sicher in der jeweiligen Übung, kennt es die passende „Formel" und spürt es eine Wirkung im Körper, ist es in der Lage, sich mit der folgenden Übung vertraut zu machen. Aber lassen Sie Ihrem Kind Zeit! Wenn es mehr Zeit benötigt, die Übung zu erlernen und eine Umschaltung im Körper zu erreichen, bieten Sie ihm Ihre Hilfe an. Sie können so erkennen, wo die Probleme beim Üben liegen. Überprüfen Sie die Übungshaltung, die Formel und den Ort, an dem Ihr Kind übt . . .

Kindern hilft es wenn man ihnen einen „Übungsplan" gibt. Auf diesem kann Ihr Kind immer eintragen, wann und wie oft es geübt hat. Sie könnten mit Ihrem Kind eine Vereinbarung treffen, wieviel Mal es pro Tag oder Woche üben soll, und es belohnen: Kinder freuen sich über kleine Sticker oder Stempel, die es sammeln kann. Die Belohnung schafft Anerkennung und motiviert.

Der Übungsplan

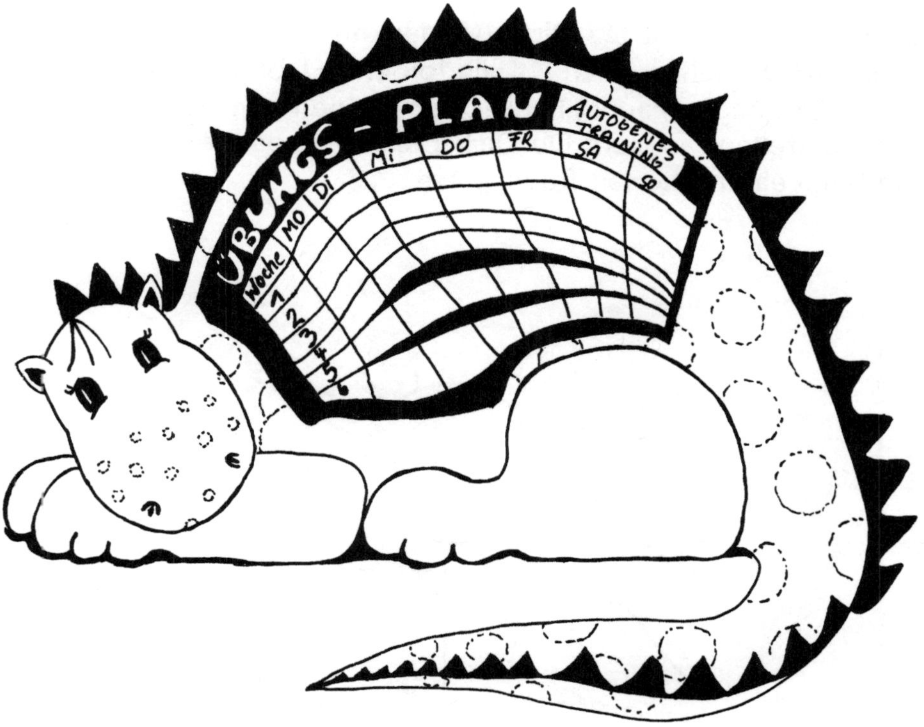

Einleitung / Ruhetönung

Wenn Du es Dir nun so richtig gemütlich gemacht hast, beginne die Übung immer mit dem Satz:

„Ich bin ganz ruhig und entspannt."

Diesen Satz kannst Du Dir in Gedanken einige Male vorsagen. Das wird Dir helfen, Dich auf die folgende Übung einzustimmen. Wenn Du magst, kannst Du Dir dabei einen ganz ruhigen, tollen Ort vorstellen, an dem Du Dich prima entspannen kannst. Wie wär's mit einer schönen Traumwiese . . . ?

1. Übung „Die Schwere"

Die erste Übung des Autogenen Trainings ist die Schwereübung. Diese Übung bewirkt, daß sich all Deine Muskeln im Körper entspannen, sich lockern und Dein Blut nun besser durch sie hindurchfließen kann. Das Blut verteilt sich gleichmäßig im ganzen Körper. Das kannst Du richtig als Schwere in Armen und Beinen spüren. Dein ganzer Körper kann sich dabei entspannen.

Die Übungsformel heißt:

„Meine Arme und Beine sind schwer."

Diese Formel hängst Du nun an die Ruheformel und sprichst sie Dir in Gedanken 3 bis 6 Mal vor.

Um es Dir einfacher zu machen, kannst Du Dir vorstellen, daß Du ein ganz schweres Tier bist. Vielleicht hast Du Lust, einmal so schwer wie ein Elefant, Nashorn, Nilpferd, Dinosaurier oder ein Wal zu sein. Es kann Dir bei der Übung helfen, Dich so richtig schwer zu fühlen.
Überlege mal einen Moment! Hast Du schon einmal „Schwere" in Deinen Armen oder Beinen gespürt? Wenn man viele Treppen hinaufgestiegen ist, etwas sehr Schweres tragen mußte oder Sport getrieben hat, spürt man die Schwere in Armen und Beinen ganz deutlich. Wenn Du magst, probiere es einfach mal aus oder achte beim nächsten Treppensteigen auf das Schweregefühl! Es sollte aber immer eine schöne Erinnerung sein, denn sonst kannst Du Dich bei dem Gedanken daran nicht entspannen.

Zusammengefaßt heißt die ganze Übung:

**„Ich bin ganz ruhig und entspannt.
Meine Arme und Beine sind schwer."**

Nimm bitte danach die Übung zurück!

Achtung:
Alle Übungsformeln im Autogenen Training sagt man sich in Gedanken 3 bis 6 Mal vor. Du mußt dabei nicht mitzählen. Achte einfach beim Üben darauf, ob Du das Gefühl, das Du mit dieser Übung im Körper erreichen möchtest, spürst. Du wirst feststellen, daß eine Übung ganz schnell wirkt, eine andere dagegen sehr lange dauert, bis Du sie spüren kannst.

Denke einmal an die letzte Woche zurück und überlege Dir, an welchen Tagen es Dir gut ging, wann Du Dich geärgert hast und an welchen Tagen Du Dich schlecht gefühlt hast . . .
So verschieden kann es auch beim Autogenen Training sein. Mal spürt man die Übungen ganz toll, dann wieder spürt man vielleicht kaum etwas. Es kommt immer auch darauf an, wie es Dir geht. Wenn Du viel Streß hattest, wird es bestimmt länger dauern, bis Du die Erfolge der Übungen spüren kannst. Wenn es Dir gut geht, kann es sein, daß jede Übung sofort klappt. Wichtig ist, daß Du immer weiterübst, auch wenn es einmal nicht so gut funktionieren sollte. Wenn Du in der Schule etwas lernst, geht das schließlich auch nicht von heute auf morgen. Es braucht schon seine Zeit, bis man etwas gut kann.

Ich weiß, daß auch Du es schaffen wirst, Autogenes Training zu lernen. Ganz bestimmt. Du mußt nur fleißig üben . . .

Spielvorschlag zur Einführung der Schwereübung „Mein schwerstes Lieblingstier"

Stelle Dir vor, Du bist ein ganz schweres Tier . . . Vielleicht magst Du soo schwer sein wie ein Elefant oder ein Nashorn . . . Überlege Dir einen Moment, wie das Tier, das Du gewählt hast, aussieht . . . Beginne Dich nun wie dieses Tier zu bewegen . . . Aber sei ganz still dabei . . . Versuche Dir vorzustellen, was für schwere Arme und Beine das Tier hat . . . Ganz schwer sind seine Arme und Beine . . . Gehe ruhig noch ein bißchen herum und bewege Dich genau so, wie es das Tier an Deiner Stelle tun würde . . . Denke daran, wie schwer die Arme und Beine des Tieres sind . . . Ganz schwere Arme und Beine hat das Tier . . . Wenn Du gespürt hast, wie sich die Schwere in Deinem Körper angefühlt hat, lege Dich einen Moment auf den Boden . . . Stelle Dir dieses Tier, das Du gerade gewesen bist, noch einmal in Gedanken vor . . . Wie sah es aus . . .? Wie groß war das Tier . . .? Was war das für ein Gefühl, so schwere Arme und Beine zu haben . . .?

Hier sind noch einige andere Ideen, die Du im Anschluß an das Spiel „Mein schwerstes Lieblingstier" zu Hause machen kannst. Sie werden Dir beim Erlernen der Schwereübung nützlich sein.

- Male das Tier, das Du gerade gewesen bist, auf ein Blatt Papier oder mit Fingerfarben auf Dein Fenster. Es sieht auch toll aus, wenn Du es auf eine Papier- oder Tapetenrolle malst. Mit diesem Bild könntest Du Deine Zimmertür schmücken.

- Überlege Dir andere schwere Tiere. Spiele diese Tiere nach und probiere aus, welches Tier davon am schwersten ist.

- Falls Ihr zu Hause alte Zeitschriften und Kataloge habt, könntest Du Tiere, die schwer sind, ausschneiden und als Kollage auf ein buntes Blatt Tonpapier kleben.

Anschlußmöglichkeiten

Man kann das Kind erzählen lassen, *was* es bei dem Spiel gespürt hat. Vielleicht mag es auch erzählen, was schön daran war, dieses Tier zu sein, was nicht so gut war, wieso es sich dieses Tier ausgesucht hat und ob das Tier einen bestimmten Namen hatte.
Eine weitere Möglichkeit ist das Malen. Wenn Kinder ihre Erlebnisse aufmalen, beschäftigen sie sich noch einmal intensiv mit den Erfahrungen und setzen sich damit auseinander. Kinder können durch Malen ihre Gefühle zum Ausdruck bringen. Haben sie die Gefühle am eigenen Körper **erlebt**, bleiben diese noch besser in Erinnerung.
Hat Ihr Kind einen ausgeprägten Bewegungsdrang? Wenn ja, so toben Sie mit ihm oder machen Sie gemeinsam einige Kniebeugen. Die Schwere im Körper läßt sich dadurch schneller und wesentlich deutlicher wahrnehmen.
Eine gute Möglichkeit wäre ein Besuch im Zoo oder Tierpark. Dort könnten Sie einmal zusammen schauen, welche Tiere es gibt, die besonders schwer sind ... Wie sich diese Tiere bewegen ... Wie groß diese schweren Tiere sind ...

2. Übung „Die Wärme"

Bei dieser Übung kommt es darauf an, daß sich Dein Körper so entspannt, daß das Blut besser fließt und Deinen Körper erwärmt. Es passiert fast das gleiche wie bei der Schwereübung. Durch die Vorstellung der Wärme können sich Deine Blutgefäße entspannen. Das Blut kann dann auch vermehrt in Deine Haut fließen. Wenn Du oft kalte Hände und Füße hast, wirst Du mit der Zeit merken, daß sie nicht mehr so häufig kalt sein werden.
Die Wirkung der Übung wirst Du schnell feststellen können: Meist spürt man die Wärme als ein leichtes Kribbeln, vor allen Dingen in den Fingerspitzen und Zehen.
Als Hilfe kannst Du Dir vorstellen, daß Du in der Sonne liegst, in der Badewanne, im warmen Bett oder daß Du Dich an eine warme Heizung oder einen Ofen anlehnst. Kannst Du Dich an einen kalten Wintertag erinnern, an dem Du draußen im Schnee gespielt hast und Deine Finger und Füße ganz eisig kalt waren? Wenn Du dann ins warme Zimmer kommst und Deine Finger und Füße langsam wieder warm werden, ist dies genau das Gefühl, das Du mit dieser Übung erreichen willst.

Wenn Du Lust hast, kannst Du Dir auch die Geschichte von der Traumwiese vorstellen, wo Du auf Deiner gemütlichen Decke in der Sonne liegst. Oder spüre die Wärme, die von Deiner Bettdecke ausgeht, wenn Du am Abend im Bett liegst. Du kannst auch ausprobieren, wie es sich anfühlt, die Hände in warmes Wasser zu tauchen. **Wichtig bei dieser Übung ist es, sich eine angenehme Wärme vorzustellen.**

Die Formel für die Wärmeübung lautet:

„Meine Arme und Beine sind warm."

Diese Formel wird nun an die vorangegangenen Formeln angereiht, daß es heißt:

**„Ich bin ganz ruhig und entspannt.
Meine Arme und Beine sind schwer.
Meine Arme und Beine sind warm."**

Bitte vergiß nach der Übung das Zurücknehmen nicht, damit Dein Körper wieder „geweckt" wird. Wenn Du bei dieser Übung ein prickelndes oder kribbelndes Gefühl bemerkst, so ist das ein Zeichen dafür, daß die Entspannung in Deinem Körper eingesetzt hat.

Spielvorschlag zur Einführung der Wärmeübung „Mein Kuscheltier"

Stelle Dir einmal vor, Du hast ein großes, weiches Kuscheltier . . . Dieses Kuscheltier ist so groß, daß es Dich in seine Arme schließen und richtig wärmen kann . . . Spüre, wie angenehm warm Dein Körper wird . . . Ganz warm und weich ist Dein Kuscheltier . . . Es hält Dich liebevoll in seinen Armen und beschützt Dich . . . Die angenehme Wärme in Deinem Körper breitet sich langsam aus, alles ist ganz warm . . . Stelle Dir vor, daß Dein Kuscheltier mit Dir an einem wunderschönen Ort ist, wo die Sonne auf Euch herabscheint. Dort ist es ganz ruhig und still . . . Spüre noch einmal die Wärme in Deinem Körper . . . Dann balle Deine Hände zu festen Fäusten, recke und strecke Dich tüchtig . . .

Ideen, die Du im Anschluß an diese Übung durchführen kannst:

- Male Dein Kuscheltier, wie es Dich in seinen Armen hält und wärmt.

- Schreibe Dir all die Situationen auf, bei denen Dir schon einmal warm war. Vielleicht gibt es auch andere Sachen, die Du mit Wärme verbindest.

- Nimm Dir einen Farbkasten oder Stifte und male einfach nur die Farben auf, die Du als angenehm warm empfindest.

- Denke Dir einen schönen Ort, an dem es sehr warm ist. Wenn Du Dir diesen Ort so richtig vorstellen kannst, male ihn auf. Du kannst Dir diesen Ort immer dann vorstellen, wenn Du die Wärmeübung vom Autogenen Training übst.

- Achte das nächste Mal, wenn Du warm badest, duschst oder im warmen Bett liegst, darauf, wie sich die Wärme auf Deiner Haut und Deinem Körper anfühlt.

Anschlußmöglichkeiten:

Auch nach dieser Übung sollten Sie Ihrem Kind die Möglichkeit geben, über das Erlebte zu sprechen. Vielleicht mag Ihr Kind Ihnen erzählen, welches Kuscheltier es sich vorgestellt hat, wie es aussah, wie es hieß.

Oft möchten Kinder den Ort malen, den sie sich in Gedanken erträumt und vorgestellt haben. Schenken Sie Ihrem Kind einen Schnellhefter oder Ordner, in dem es die Bilder zum Autogenen Training sammeln kann. Das Kind hat somit die Möglichkeit, zu jeder Zeit selber etwas nachzuschlagen. Beim Betrachten der Bilder werden im Kind auch die Erinnerungen daran geweckt.

3. Übung „Das Atmen"

Das Atmen geschieht ganz automatisch. Wenn Du beispielsweise körperlich sehr aktiv warst, weil Du Sport getrieben hast oder schnell rennen mußtest, braucht Dein Körper mehr Sauerstoff als sonst. Man kann also richtig „außer Atem" sein. Dann atmet Dein Körper auch wesentlich schneller als sonst, um mehr Sauerstoff aufnehmen zu können. In schwierigen Situationen, in denen Du ein wenig ängstlich bist, passiert es schon einmal, daß man vor lauter Anstrengung, Angst oder Schrecken den Atem anhält.
Im Autogenen Training versuchen wir, die natürliche Atmung einfach geschehen zu lassen, das heißt, wir beobachten unseren Atem, in welchem Rhythmus wir ein- und ausatmen, wohin der Atem fließt . . . Wenn man dann einmal in eine verzwickte Situation gerät und die Formel spricht, wird der Atem trotz Aufregung ganz ruhig und regelmäßig weiterfließen.
Richtiges Atmen ist lebenswichtig, denn nur so kann man gesund bleiben. Lege die Hand auf den Bauch und fühle Deine Atmung! Wenn sich der Bauch beim Einatmen hebt und beim Ausatmen senkt, atmest Du richtig. Versuch es einfach mal! Du kannst Dir bei dieser Übung vorstellen, daß Dein Atem so ruhig ein- und ausgeht wie ein Schiff, das sachte auf dem Wasser hin- und herschaukelt. Wenn es Dir lieber ist, denke an einen Baum, der vom Wind hin- und hergeschaukelt wird. Du kannst Dir auch einen Vogel vorstellen, der mit seinen Flügeln ruhig und gleichmäßig auf- und abschwingt . . .

So, nun nenne ich Dir die Formel für diese Übung:

„Mein Atem geht ruhig und regelmäßig"
oder einfach „Atmen lassen."

Zusammengefaßt heißt die Übung:

„Ich bin ganz ruhig und entspannt.
Meine Arme und Beine sind schwer.
Meine Arme und Beine sind warm.
Mein Atem geht ruhig und regelmäßig."

Bitte vergiß das Zurücknehmen nach der Übung nicht!

Spielvorschlag zur Einführung der Atemübung „Mein Zauberbaum"

Lege Dich auf eine Decke und mache es Dir gemütlich. . . Wenn Du Dich rundherum wohl fühlst, schließe Deine Augen . . . Lege für einen Moment Deine Hand auf den Bauch. Versuche zu spüren, wie Dein Atem ein- und ausfließt . . . Ganz ruhig und regelmäßig fließt Dein Atem ein und aus, ein und aus . . . Dabei hebt und senkt sich Deine Hand, die auf dem Bauch liegt . . . Wenn Du nun Deinen Atem gefühlt hast, lege die Hand wieder neben Deinen Körper . . . Stelle Dir nun vor, Du bist ein großer, prächtiger Baum, ein Zauberbaum . . . Suche Dir einen schönen Ort aus, an dem Du als Zauberbaum stehen möchtest . . . Dein Stamm ist groß und kräftig . . . Deine Wurzeln reichen bis tief in den Boden hinein . . . Sie geben Dir Halt und Sicherheit . . . Ein sanfter Windzug streift Deine Baumkrone und bewegt sie leicht hin und her, hin und her, ganz ruhig und regelmäßig . . . Spüre die Bewegung in Dir . . . Sie geht im gleichen Rhythmus wie Dein Atem fließt . . . Beobachte, ob Dein Atem bis tief in den Bauch hineinfließt . . . Laß ihn auch als Zauberbaum ganz tief in Deinen Stamm gleiten, so daß er bis in die Wurzeln gelangen kann, die tief in die Erde hineinragen . . . Nimm nun noch einmal Deinen Atemrhythmus wahr, in welchem Tempo er in Dir ein- und ausfließt . . .

So, dann nehme die Übung kräftig zurück. Balle dabei Deine Hände zu festen Fäusten und strecke Dich, als wolltest Du so groß werden wie Dein Zauberbaum, der Du eben warst. Strecke Dich richtig aus . . .

Weitere Ideen zum Erlernen der Atemübung

- Atme nun kräftig durch die Nase in Deinen Bauch hinein. Halte die Luft einen Moment an und puste sie dann fest aus Deinem Mund nach draußen. Mache diese Übung einige Male. So wirst Du gut spüren, wie Dein Atem richtig fließen sollte.

- Achte in Deiner nächsten Sportstunde darauf, was mit Deinem Atem passiert, wenn Du Dich viel bewegst und anstrengst!

- Male verschiedene Sachen auf, die einen so ruhigen und regelmäßigen Rhythmus haben wie Du bei der Atemübung im Autogenen Training. Fallen Dir Bilder ein, die Du Dir während der Atemübung in Gedanken vorstellen kannst?

- Blase einen Luftballon auf. Spüre dabei, woher die Luft kommt, die nun aus Deinem Körper heraus in den Ballon fließt. Versuche mit Deinem Atem zu „spielen", d. h., puste einmal nur die Luft, die aus dem Brustkorb kommt, in den Ballon. Danach probiere zum Vergleich aus, wie es ist, wenn Du tief aus Deinem Bauch die Luft in den Luftballon bläst . . .

Anschlußmöglichkeiten:

Lassen Sie Ihr Kind deutlich seinen Atem spüren. Teilen Sie diese Erfahrung und blasen Sie gemeinsam Luftballons auf. Dabei kann man genau spüren, woher die Luft kommt, die nun in die Ballons fließt.

Entdecken Sie auch mit einem Strohhalm Ihren Atem, indem Sie versuchen, Erbsen anzusaugen und diese auf einen anderen Teller transportieren. Dieses Spiel reizt Kinder. Man kann es auch als Wettspiel einsetzen, was die Kinder meist noch mehr motiviert.

Mit Wasserfarbe und einem Strohhalm lassen sich schöne Bilder herstellen. Sie benötigen dazu Papier, Pinsel, Farbkasten, Wasser und Strohhalme. Mit dem Pinsel befeuchten Sie eine Farbe Ihrer Wahl. Tragen Sie diese mit viel Wasser vermischt als Farbklecks auf das Blatt Papier auf. Mit dem Strohhalm können Sie diesen Farbklecks „wandern" lassen. Sie müssen nur durch den Halm auf den Farbklecks pusten . . . Das macht großen Spaß.

Spielen Sie mit Ihrem Kind „Watte pusten". Legen Sie ein kleines Wattestück auf den Tisch und pusten Sie kräftig um die Wette. Wenn Sie dann „außer Atem" sind, bleiben Sie einen Moment lang ruhig sitzen und schließen Sie Ihre Augen. Sie werden Ihren Atem sehr deutlich spüren können. Beobachten Sie auch das Tempo. Nach einigen Minuten werden Sie feststellen können, daß Ihr Atem viel ruhiger und gleichmäßiger zu fließen beginnt. Ihrem Kind wird es bestimmt Freude machen, mit Ihnen gemeinsam auf „Entdeckungsreise" nach dem eigenen Atem zu gehen.

4. Übung „Das Herz"

Bei dieser Übung ist es ähnlich wie bei der Atemübung. Du sollst dabei versuchen, Dein Herz zu spüren, wie es schlägt und in welchem Rhythmus, denn der gleichmäßige Herzschlag wirkt sehr beruhigend auf Deinen Körper.
Überlege mal, ob Dir Situationen einfallen, in denen Du Dein Herz ganz deutlich gespürt hast. Wenn man sich viel bewegt hat, beim Sport oder Toben, auch wenn man aufgeregt ist oder Angst hat, kann man seinen Herzschlag wahrnehmen. Unser Herz ist sehr sensibel für Empfindungen und Gefühle, sowohl für schöne als auch für unangenehme. Es gibt deshalb viele Redewendungen, die unser Herz betreffen:

- „Das Herz schlägt mir bis zum Hals."
- „Mein Herz ist in die Hose gerutscht."
- „Das Herz hat vor Freude einen Sprung gemacht."
- „Das kam von Herzen."

Wenn Du nun übst, lege einfach eine Hand auf Dein Herz und fühle, wie es schlägt. Nach einiger Zeit spürst Du Dein Herz von ganz allein. Du kannst Dir auch ein Bild vorstellen, z. B. daß Du eine kleine Katze in den Händen hältst und spürst, wie ihr Herz klopft.

Die Übungsformel heißt:

„Mein Herz schlägt ruhig und regelmäßig."

Zusammengefaßt:

„Ich bin ganz ruhig und entspannt.
Meine Arme und Beine sind schwer.
Meine Arme und Beine sind warm.
Mein Atem geht ruhig und regelmäßig.
Mein Herz schlägt ruhig und regelmäßig."

Spielvorschlag zur Einführung der Herzübung „Mein Herz"

Bewege Dich im Raum umher . . . Werde schneller und schneller... Bewege Dich so schnell Du nur kannst . . . Wenn Du nun außer Puste bist, suche Dir einen schönen Platz im Raum und lege Dich hin . . . Mache es Dir dort gemütlich . . . Lege Deine Hand auf Dein Herz . . . Kannst Du spüren, wie schnell Dein Herz schlägt . . .? Und wenn Du nun ruhig daliegst und auf Deinen Herzschlag achtest, wirst Du feststellen, daß sich Dein Herz langsam beruhigt . . . Ganz ruhig und regelmäßig schlägt Dein Herz . . . Lege Deine Hand wieder neben Deinen Körper . . . Kannst Du Dein Herz noch spüren . . .? Versuche noch einen Moment, Dein Herz schlagen zu hören . . . Spüre das Leben in Dir!

So, nun balle Deine Hände zu Fäusten und räkel Dich kräftig . . .

Vorschläge, was Du zum Erlernen der Herzübung alles machen kannst

- Versuche im Laufe des Tages immer wieder, Dein Herz schlagen zu hören. Sei ganz aufmerksam.
- Schreibe oder male Situationen, in denen Du Dein Herz spüren konntest. Waren dies schöne Erlebnisse?
- Fallen Dir noch weitere Redewendungen ein, die unser Herz betreffen? Schreibe sie Dir auf ein Blatt Papier oder mache eine Kollage daraus. Du kannst dazu Bilder aus alten Zeitungen ausschneiden oder selber dazu malen.
- Frage Deine Eltern, Freunde oder Geschwister, ob Du deren Herzschlag einmal fühlen oder hören darfst.

Anschlußmöglichkeiten:

Lassen Sie Ihr Kind berichten, was es erlebt hat. Fragen Sie nach, ob es Probleme hatte, sein Herz schlagen zu spüren.
Das Kind kann zu der Übung ein Bild malen, beispielsweise über die Empfindungen, die es beim Herzschlag hatte.
Lassen Sie Ihr Kind Ihren Herzschlag spüren. Oder lernen Sie Ihre „Herzen" gegenseitig durch Hören oder Fühlen kennen. Interessant ist es auch, sich ein Mikrophon an sein Herz zu halten und den Herzschlag aufzunehmen.

5. Übung „Die Bauchübung"

Bei dieser Übung sollst Du im Bauch ein angenehmes, strömendes Gefühl von Wärme spüren. Die Bauchübung nennt man auch die Übung des Sonnengeflechts. Das Sonnengeflecht sieht aus wie ein Spinnennetz, in dem all die Nerven zusammenfließen, die für die Organe und für deren Funktion im Bauchraum zuständig sind, beispielsweise für Magen, Darm oder Leber. Diese Übung sorgt für eine bessere Durchblutung aller Bauchorgane und kann Dir bei Bauchschmerzen oder Übelkeit helfen, den Bauch zu entkrampfen.

Um die Übung besser spüren zu können, stell Dir einfach vor, Du liegst auf Deiner Traumwiese oder an einem warmen Strand. Die Sonne scheint auf Deinen Bauch. Fülle warmes Wasser in eine Wärmflasche und lege sie Dir auf Deinen Bauch. Du kannst so deutlich spüren, was für ein Gefühl diese Übung des Autogenen Trainings in Dir bewirken soll.
Wenn Du eine Hand auf den Bauchnabel legst, kannst Du Dir am besten vorstellen, an welcher Stelle der Bauch warm sein soll. Beachte bitte, daß Du Dir eine angenehme Wärme vorstellst.

Die Übungsformel für den Bauch heißt:

„Mein Bauch ist strömend warm."

Diese Formel hänge bitte an all die bisher gelernten Formeln an. Die Reihenfolge der Übungen sieht dann so aus:

„Ich bin ganz ruhig und entspannt."
Meine Arme und Beine sind schwer.
Meine Arme und Beine sind warm.
Mein Atem geht ruhig und regelmäßig.
Mein Herz schlägt ruhig und regelmäßig.
Mein Bauch ist strömend warm."

Nach dem Üben nicht vergessen zurückzunehmen!

Spielvorschlag zur Einführung der Bauchübung „Meine kleine Sonne"

Lege Dich bequem auf Deinen Rücken. Wenn Du gemütlich liegst und Dich wohl fühlst, schließe Deine Augen . . . Stelle Dir nun einmal vor, daß in Deinem Bauch eine kleine Sonne sitzt . . . Diese Sonne scheint in Deinem Bauch ganz hell und warm . . . Ihre Strahlen wärmen Deinen Bauch angenehm . . . Die Wärme der kleinen Sonne strömt durch Deinen Bauch und verteilt sich langsam im ganzen Körper . . . Spüre diese kleine Sonne, in Deinem Bauch . . . Sieh Dir diese Sonne genau an, wie groß sie ist und wie sie aussieht . . . Wenn Du magst, lasse sie in Deinem Bauch wachsen, damit sie Dich noch mehr wärmen kann . . . Die kleinen Sonnenstrahlen gelangen in jeden Teil Deines Körpers und wärmen ihn ... Gehe mit Deiner Aufmerksamkeit noch einen Moment auf das Wärmegefühl in Deinem Bauch . . . Genieße diese Wärme . . .

So, nun beende die Übung, indem Du Dich tüchtig reckst und streckst, bis Du Dich wieder frisch und ausgeruht fühlst . . .

Weitere Ideen:

- Massiere mit der Hand Deinen Bauch in kreisenden Bewegungen, bis er angenehm „strömend" warm geworden ist.

- Lasse Dir in der Badewanne mit dem Brausekopf warmes Wasser auf den Bauch fließen. Übst Du dann unmittelbar nach dem Bad, wirst Du die Wirkung der Übung gut spüren können, denn Dein Bauch ist noch von dem Wasser ganz warm. Es wird Dir so leichter fallen, den Bauch durch die Übungsformel noch wärmer zu bekommen und Dir das Gefühl, das Du beim Üben haben sollst, besser vorzustellen.

- Male ein Bild von der kleinen Sonne, die in Deinem Bauch war.

- Ganz toll sieht es aus, wenn man dieses Gefühl von der strömenden Wärme aufmalt. Dazu solltest Du Stifte oder Farben nehmen, die sich gut vermischen lassen.

- Setze bei den ersten Übungsversuchen ein weiches Kuscheltier auf Deinen Bauch. So weißt Du beim Üben besser, worauf Du Dich konzentrieren sollst!

Anschlußmöglichkeiten:

Hören Sie Ihrem Kind zu, was es zu dieser Übung erzählen möchte. Im Anschluß ist es eine gute Weiterführungsmöglichkeit, mit Ihrem Kind langsam, Schluck für Schluck einen warmen Tee oder Kakao zu trinken und zu spüren, wie das warme Getränk im Bauch ankommt und sich dort langsam ausbreitet. Sprechen Sie dabei über die Übung. Erzählen Sie die Geschichte frei nach und führen Sie die Bauchübung gemeinsam mit Ihrem Kind durch. Sprechen Sie hinterher über Ihre Erfahrungen.
Fragen Sie Ihr Kind nach Situationen, in denen es den Bauch gut spüren konnte. Vielleicht kennt es das Gefühl, das man bei Bauchschmerzen spürt. Weisen Sie darauf hin, wie gut es dann tut, wenn man eine warme Wärmflasche auf den Bauch legt. Die Wärme wirkt stark entkrampfend!

6. Übung „Die Stirn"

Diese Übung solltest Du erst erlernen, wenn Du die vorangegangenen Übungen sicher kannst. Es ist die einzige Übung im Autogenen Training, bei der man sich eine angenehme Kühle vorstellt und erreichen will.

Sicher hast Du schon erlebt, daß Du hin und wieder einen warmen Kopf bekommst. Das passiert bei körperlichen Anstrengungen, aber auch wenn man viel denken muß. Man sagt dann schon mal: „Mir raucht der Kopf." Und wenn der Kopf sich erhitzt, kann man nicht mehr gut und konzentriert arbeiten. Wenn man Fieber hat fühlt sich der Kopf auch ganz warm an. Dabei ist man schlapp, müde und unkonzentriert. Hier hilft Dir die Vorstellung, daß ein leichter Wind Deine Stirn streift. Lege Dir einfach mal ein kühles Tuch auf die Stirn. So merkst Du am besten, wie gut Kühle tut, vor allen Dingen, wenn Du Kopfschmerzen oder Fieber hast. Eine angenehm kühle Stirn macht den Kopf und die Gedanken frei, und man fühlt sich erholt.

Bitte beachte bei dieser Übung, daß es nicht sinnvoll ist, sie am Abend vor dem Schlafen zu üben. Diese Übung hilft Dir nicht beim Einschlafen, sondern macht Dich wieder munter.

Vielleicht möchtest Du Dir zu dieser Stirnübung vorstellen, wie ein leichter Wind Deine Stirn streift und angenehm kühlt. Das ist sehr erfrischend, vor allen Dingen an einem warmen Sommertag oder wenn man viel nachdenken mußte.

Die Formel für diese Übung heißt:

„Meine Stirn ist angenehm kühl."

In Zusammenhang mit den bisher erlernten Übungen heißt es:

**„Ich bin ganz ruhig und entspannt.
Meine Arme und Beine sind schwer.
Meine Arme und Beine sind warm.
Mein Atem geht ruhig und regelmäßig.
Mein Herz schlägt ruhig und regelmäßig.
Mein Bauch ist strömend warm.
Meine Stirn ist angenehm kühl."**

Spielvorschlag zur Einführung der Stirnübung „Meine Zauberwolke"

Lege Dich nun bequem hin und mache es Dir gemütlich . . . Schließe für einen Moment Deine Augen . . . Du siehst eine kleine, weiße Wolke zu Dir herabschweben . . . Ganz sacht und ruhig schwebt sie zu Dir herab . . . „Hallo, ich bin die Zauberwolke und bringe Dich, wohin Du nur willst!" flüstert Dir die Wolke zu . . . „Komm und mach es Dir bei mir gemütlich" . . . Du kletterst vorsichtig auf die Zauberwolke hinauf . . . „Wohin willst Du?" flüstert die Wolke . . . Oh, am liebsten ganz hoch in den blauen Himmel, denkst Du . . . Und als könnte die Zauberwolke Gedanken lesen, schwebt sie bereits dem strahlend blauen Himmel entgegen . . . Ruhig und vorsichtig schwebt die Zauberwolke mit Dir höher und höher . . . Die Sonne wärmt Deinen Körper . . . Mit einem Mal bemerkst Du einen Windhauch, der Deine Stirn streift . . . Der Wind kühlt Deine Stirn und macht Deinen Kopf frisch und klar . . . Deine Stirn ist angenehm kühl . . . Spüre noch einen Moment die angenehme Kühle, die der Wind auf Deiner Stirn hinterläßt . . . Dann bringt Dich die Zauberwolke wieder wohlbehalten nach Hause zurück . . .

Einige Ideen:

- Gib Deiner Zauberwolke einen Namen und male sie auf, damit Du Dich immer an sie erinnern kannst.

- Schneide Dir aus Pappe Wolken, Sonne, Vögel etc. aus und male Sie mit Plakafarbe an. Du könntest Dir so den Himmel basteln, durch den Du gerade geflogen bist. Hast Du Lust, diesen Himmel auf eine Perlonschnur zu fädeln und Dir über Dein Bett zu hängen?

- Denke Dir auch andere Orte aus, zu denen Du mit Deiner Wolke geflogen bist. Schreibe Dir dazu kleine Geschichten auf. Dies kannst Du natürlich auch zu den bisher gelernten Übungen machen. Wenn Du alles in einen Ordner heftest, hast Du zum Schluß ein richtiges Buch zum Autogenen Training und den Übungen. Darin kannst Du immer nachschlagen, falls Du etwas vergessen hast.

Anschlußmöglichkeiten:

Lassen Sie Ihr Kind seine Zauberwolke mit Fingerfarben an sein Fenster malen. Das gesamte Fenster könnte auf diese Weise zu einem Himmel werden. Sie brauchen dazu weiße und blaue Fingerfarben und breite Pinsel. Ihr Kind kann außer der Zauberwolke und dem Himmel auch noch eine Sonne, Vögel oder einen Regenbogen malen.

Man kann auch mit Hilfe von Tapetenkleister, Transparentpapier, Kreppapier und Watte ein Fenster gestalten. Den Kleister rühren Sie nach Gebrauchsanweisung mit Wasser an. Danach wird das Papier in kleinere Stücke gerissen. Mit der Hand wird nun der Kleister am Fenster aufgetragen. Darauf wird die Watte geklebt als Zauberwolke. Der Himmel wird mit dem blauen Papier gestaltet. So hat das Kind seine Zauberwolke immer bei sich und kann sich mit ihr an schöne Orte wünschen, an denen es sich entspannen möchte.

Basteln Sie ein Mobile oder Fensterbild aus Tonkarton. Sie können auch aus Pappmachée und einem Luftballon eine große plastische Zauberwolke herstellen. Dazu benötigt man einen Ballon, Tapetenkleister, alte Zeitungen und weiße Abtönfarbe. Der Ballon wird mit vielen Zeitungen und Kleister zu einer Wolke „verarbeitet" und mit dem Papier beklebt. Ist der Ballon schließlich zu einer Wolke geworden, muß man ihn ca. eine Woche an einem warmen Ort trocknen lassen, damit der Kleister nicht zu schimmeln beginnt.
Es macht auch Spaß, aus Sperrholz eine schöne Zauberwolke auszusägen. Diese wird gut abgeschmirgelt und lackiert.

Einige Tips zum Erlernen von Autogenem Training

So, nun hast Du die Grundübungen des Autogenen Trainings kennengelernt. Ich möchte Dir an dieser Stelle noch einige Ratschläge zum Üben geben, damit Du es einfacher hast:

- Übe erst einmal im Liegen, denn Dein Körper kennt von der Nacht her, daß er sich entspannt, wenn er liegt.

- Suche Dir einen schönen Platz, an dem Du üben möchtest, und behalte diesen Platz bei, bis Du Dich in den einzelnen Übungen sicher fühlst.

- Mache es Dir vor dem Üben gemütlich. Hole Dir ein Kissen und eine Decke. Wenn Du Lust hast, zünde Dir auch eine Duftlampe an. Das Duftöl, das Du benutzt, sollte Dir gefallen. Sehr gut riecht Vanille, Mandarine und Melissenöl.

- Sorge dafür, daß Dich niemand beim Üben stört. Am besten ist es, wenn Du ein Schild „Bitte nicht stören" an Deine Tür hängst oder Deine Eltern und Geschwister informierst, daß Du nun einige Minuten ungestört sein möchtest.

- Übe immer zum gleichen Zeitpunkt (nach der Schule, vor dem Essen, bevor Du am Nachmittag etwas unternimmst, bevor Du Hausaufgaben machst oder am Abend vor dem Einschlafen . . .)

- Übe anfangs zweimal am Tag. Wenn Du regelmäßig übst und immer eine Wirkung spürst, reicht es, wenn Du einmal am Tag für 10 Minuten übst.

- Wenn Du Dich beim Üben unwohl fühlst, nimm die Übung einfach kräftig zurück und beginne noch einmal von vorne.

- Falls Du einmal keine Wirkung spürst, mache Dir darüber keine Sorgen. Es klappt nicht immer gleich gut. Es kommt darauf an, wie es Dir geht, ob Du viel zu tun oder erlebt hast. Das beeinflußt die Wirkung der Übungen. So wirst Du vielleicht ein und die gleiche Übung am nächsten Tag ganz anders spüren und empfinden. Vielleicht warst Du beim Üben auch zu schnell? Denke immer daran: Eine neue Übung solltest Du erst dann erlernen, wenn Du das bisher Gelernte auch sicher beherrschst.

- Um einen Erfolg zu erreichen, ist es oft einfacher, wenn Du Dir zu den einzelnen Übungen ein Bild vorstellst oder malst.

Ich hoffe, daß Dir das Autogene Training bisher Spaß gemacht hat. Auf den nächsten Seiten sind noch Hilfen aufgeführt, bei denen Du das Autogene Training in bestimmten Situationen einsetzen kannst, in denen Du Angst hast, aufgeregt bist oder Streß empfindest. Auch dabei hilft es Dir, wenn Du zu den einzelnen Geschichten Bilder malst.

Formelhafte Vorsatzbildung – Merksprüche

So, nun bist Du in der Oberstufe des Autogenen Trainings angelangt. Hier lernst Du bestimmte Merksprüche, die Dir in Deinem Leben weiterhelfen werden, kennen. Diese Merksprüche mußt Du allerdings Deinem Körper erst einmal beibringen, so wie Du es mit den 6 Grundübungen des Autogenen Trainings getan hast. Nach einigem Üben wird Dein Körper darauf so reagieren wie auf die bisher gelernten Formeln.

Merksprüche helfen Dir, mit Problemen oder Ängsten besser fertig zu werden. Für ein bestimmtes Problem wird ein Spruch gebildet, den Du dann in der Situation, in der das Problem auftaucht, einsetzen kannst. Wenn Du vor Klassenarbeiten unruhig, unkonzentriert und nervös bist und deshalb viele Flüchtigkeitsfehler machst, wäre dies ein möglicher Spruch für Dich:

„Mit Konzentration geht es schon" oder
„Konzentriert klappt's garantiert."

Kinder sollten einige Sprüche zur Auswahl bekommen und selbst entscheiden, welche für sie und ihr Leben wichtig sind. Merksprüche in Reimform bleiben besser im Gedächtnis. Du kannst sie an die Übungen des Autogenen Trainings anhängen oder Dir zum Beispiel in der Schule vor einer Arbeit vorsagen.

Ich möchte Dir hier einige Merksprüche nennen, damit Du einen Überblick bekommst. Danach stelle ich Dir noch Geschichten vor, in denen Merksprüche enthalten sind.

Merksprüche:

- **Mit Mut klappt's gut**
- **Konzentriert klappt's garantiert**
- **Ich bin ruhig und still, weil ich das so will**
- **Ich fühl' mich gut, denn ich hab' Mut**
- **Ich schlaf' gut und sacht die ganze Nacht**
- **Angst vorbei, ich fühl' mich frei**
- **Augen zu, ich schlaf' im Nu**
- **Ruhig und klar geht's wunderbar**
- **Auch ohne Eile geht's eine Weile**

Hast Du auch Ideen für Merksprüche? Wenn Dir welche einfallen, schreibe Sie hier auf:

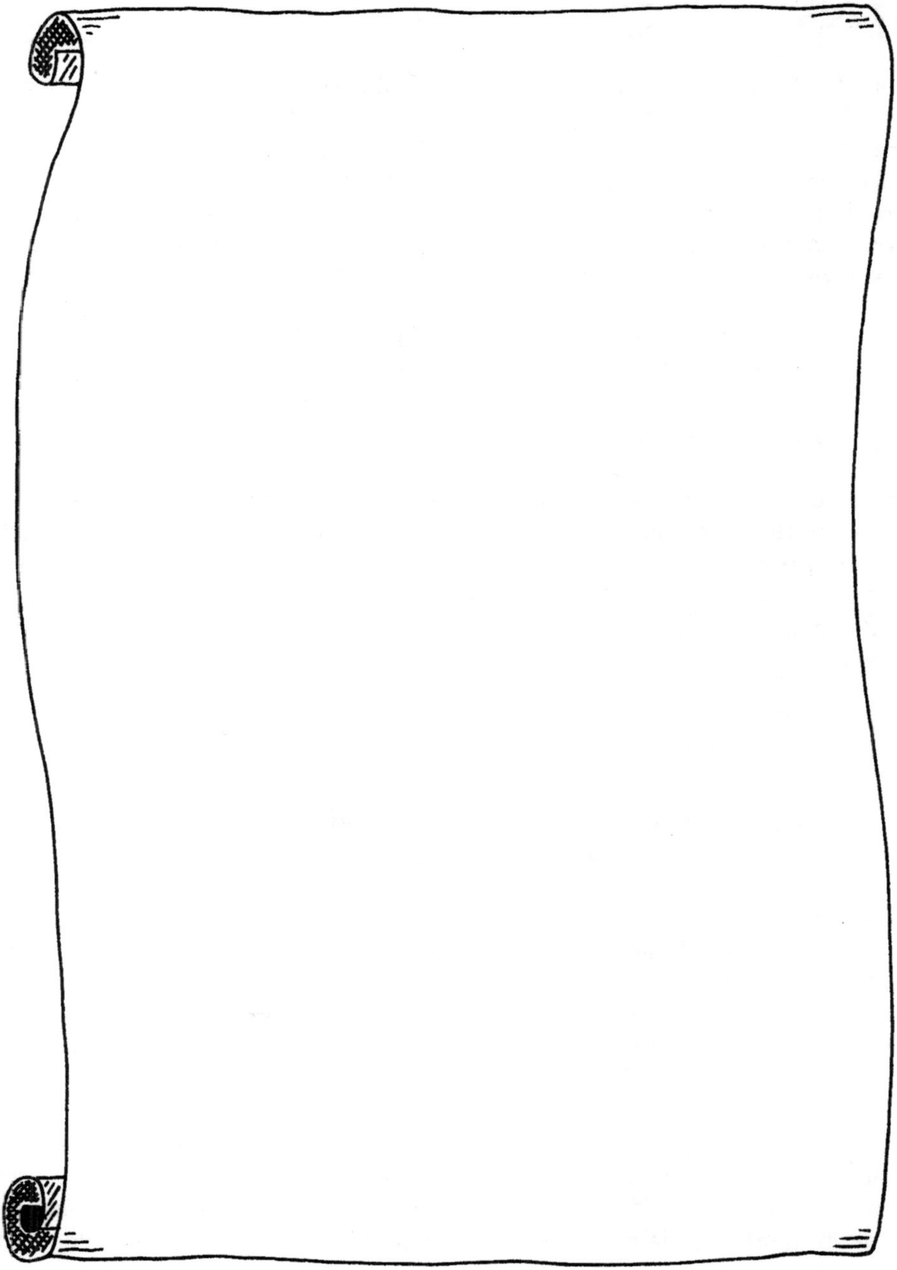

3. Entspannungsgeschichten

Liebe Eltern,

wenn Sie Ihrem Kind eine Phantasiegeschichte vorlesen oder erzählen, bereiten Sie sich bitte darauf vor und kommen Sie erst einmal selbst zur Ruhe. Schaffen Sie sich und Ihrem Kind eine schöne Atmosphäre mit Kissen, Decken, vielleicht einer Kerze. Sobald Ihr Kind die richtige Übungshaltung eingenommen hat und sich wohl fühlt, können Sie beginnen. Doch sollten Sie vor der Geschichte ein paar beruhigende Sätze sprechen, damit Ihr Kind sich gedanklich vorbereiten kann. Eine mögliche Einleitung könnte lauten:

> „So, nun mache es Dir erst einmal in aller Ruhe gemütlich . . . Wenn Du richtig liegst und Dich nichts mehr stört, schließe einfach Deine Augen . . . Versuche einen Moment, Deinen Körper zu spüren . . . Dann höre der Geschichte zu . . ."

Genauso wichtig wie die Einleitung/Einführung in die Geschichte ist das Ende. Auch hierbei sollten Sie dem Kind eine hilfreiche Stütze bieten, damit es auch aus der Geschichte wieder herausfinden kann. Nach einer Phantasiegeschichte ist der Körper in der Regel nämlich vollkommen entspannt und gelöst. Man muß ihm ein Signal setzen, um zu zeigen, daß die Übung / Geschichte zu Ende ist, wie zum Beispiel:

> „So, nun stelle Dich darauf ein, daß Du die Übung gleich beenden wirst. Bleibe noch einen Moment liegen, um neue Kraft für den Rest des Tages zu sammeln . . . Nimm nun die Übung kräftig zurück. Balle Deine Hände zu Fäusten . . . Recke und strecke Dich, bis Du wieder ganz frisch und wach bist . . ."

Einleitung und Abschluß zu den einzelnen Geschichten sollten immer gleich bleiben. Das bietet Ihrem Kind Sicherheit. Auch der Körper weiß, daß nach dieser Einleitung das Autogene Training folgt.
Sollten Sie am Abend zum Einschlafen eine Geschichte vorlesen, lassen Sie den Abschluß weg, denn Ihr Kind soll nun schlafen. Das Zurücknehmen weckt den Körper auf und würde ein schnelles Einschlafen verhindern.
Die Geschichten des Autogenen Trainings werden mit ruhiger Stimme gelesen. Die einzelnen Übungsformeln kann man betonen, indem man sie langgezogen spricht. Die Übungsformeln erkennen Sie daran, daß sie fett gedruckt sind. Wichtig ist, daß Sie zwischen den Sätzen ausreichend Pausen lassen, damit Ihr Kind sich die einzelnen Abläufe der Geschichten gut vorstellen und

nachempfinden kann. Besonders wichtig ist dies bei den eingefügten Übungsformeln des Autogenen Trainings!
Kontrollieren Sie immer wieder Ihr Tempo beim Vorlesen, damit Ihr Kind nicht von der Handlung „überrumpelt“ wird.

Hinweis auf den Tonträger

Auf dem Tonträger sind die Geschichten zu den sechs Grundübungen des Autogenen Trainings enthalten. Die Geschichten wurden so gesprochen, daß die Kinder ausreichend Zeit haben, sich die Handlungen zu verinnerlichen. Die Musik zwischen den Geschichten bietet für das Kind eine gute Möglichkeit zum Weiterträumen, Entspannen und Wohlfühlen. Sinnvoll ist es auch, wenn sich das Kind beim Musikhören die in der Geschichte vorkommenden Formeln noch einmal in Gedanken vorsagt. Die Formeln bleiben so besser in Erinnerung.
Machen Sie Ihr Kind darauf aufmerksam, nach den einzelnen Geschichten die Übung kräftig zurückzunehmen!

Den Begleit-Tonträger sollten Sie sich erst einmal selbst anhören. So bekommen Sie einen Eindruck von den einzelnen Geschichten und wie diese gelesen werden sollen.
Es ist nicht ratsam, Ihrem Kind den Tonträger zum Zwecke der Unterhaltung zu überlassen. Ihr Kind soll sich immer nur die Geschichte zu der Übung anhören, die es gerade erlernt Ansonsten kann Ihr Kind die einzelnen Übungen nicht mehr nachvollziehen und ist überfordert.

1. Geschichte
Zur Schwereübung des Autogenen Trainings

Deine Traumwiese

Du liegst auf einer warmen, weichen Decke. Um Dich herum ist eine wunderschöne Wiese mit vielen bunten Blumen. Es ist Deine Traumwiese. Sie gehört Dir ganz allein, und die Wiese sieht auch genauso aus, wie Du sie Dir wünschst. Ganz ruhig ist es hier, und Du kannst Dich prima ausruhen von dem anstrengenden Tag. Der Himmel ist strahlend blau, und die Sonne scheint auf Dich und Deine Traumwiese herab. In einiger Entfernung beobachtest Du Schmetterlinge, die von Blume zu Blume fliegen. Ganz fröhlich und ausgelassen sind sie. Ein kleiner Schmetterling kommt auf Dich zu und sagt: „Willst Du mit uns spielen?" „Oh prima!" denkst Du und stehst auf. Ihr spielt eine Weile. Manchmal läufst Du mit den Schmetterlingen um die Wette, Ihr spielt Verstecken und noch viele, viele andere Sachen. Schließlich bist Du ganz außer Atem und läßt Dich wieder auf Deine warme, weiche Decke fallen. Du merkst, **wie Du ganz ruhig daliegst und Dich entspannst. Ganz ruhig und entspannt bist Du nun.** Neben Dir auf einer wunderschönen Blume sitzt der kleine Schmetterling und ruht sich aus. Auch er ist nun ganz ruhig und entspannt. Du merkst, **wie schwer Deine Arme vom vielen Spielen und Toben sind . . . Ganz schwer sind Deine Arme nun . . . Fühl einmal, wie schwer Deine Arme sind . . . Du kannst die Schwere auch in Deinen Beinen spüren . . . Ganz schwer sind Deine Beine . . . Ganz schwer liegen sie nun auf der warmen, weichen Decke. Dein ganzer Körper ist nun ganz schwer und entspannt . . .** Du merkst, wie wieder neue Kraft in Dir fließt. Du bleibst noch eine Weile auf Deiner Decke liegen und ruhst Dich aus. Dir fällt der zarte Duft der Blumen auf, die auf Deiner Traumwiese wachsen, und von irgendwoher hörst Du sogar einige Vögel singen . . . Als Du genug neue Kraft und Energie gesammelt hast, stehst Du auf und verabschiedest Dich von Deiner Traumwiese. Auch dem kleinen Schmetterling winkst Du noch einmal zu . . . Du weißt, daß die Traumwiese ein Ort ist, der Dir ganz alleine gehört und an den Du, wann immer Du es willst, wieder zurückkehren kannst. Hier kannst Du all die Dinge tun, zu denen Du Lust hast. Am wichtigsten ist aber, daß die Traumwiese Dir neue Kraft geben kann. Nur Du allein weißt, wie Du zu Deiner Traumwiese gelangen kannst . . . Ruhig und wieder voller Kraft kehrst Du nach Hause zurück . . .

2. Geschichte

Zur Wärmeübung des Autogenen Trainings

Das Land der Sonnenkinder

Wieder einmal bist Du auf Deiner Traumwiese und genießt die Ruhe und Stille hier. Der Himmel über Dir ist strahlend blau. Die Sonne scheint auf Dich und Deine Traumwiese herab. Während Du auf Deiner warmen, weichen Decke liegst und in den Himmel schaust, siehst Du mit einem Mal einen immer größer werdenden, goldleuchtenden Punkt. Als dieser Punkt näher kommt, siehst Du, daß es eine kleine, elfenartige Gestalt ist, die durchsichtige Flügel hat. Um die Gestalt herum leuchtet es hell und warm. „Hallo", wirst Du begrüßt, „ich bin ein Sonnenkind und komme von weit her. Wenn Du möchtest, kannst Du mich in mein Land begleiten. Dort ist es sehr schön, fast noch schöner als auf Deiner Traumwiese, denn im Land der Sonnenkinder ist es herrlich warm. Hast Du Lust, mit mir zu kommen?" Da Du nichts anderes vorhast und natürlich auch ein bißchen neugierig auf das Land der Sonnenkinder bist, stehst Du auf. Das Sonnenkind beginnt mit heller, klarer Stimme zu singen . . . Als das Lied zu Ende ist, steht mit einem Mal eine goldene, kugelartige Schale vor Dir. Auf dieser Kugel spiegeln sich viele goldene Strahlen, und an einer Stelle siehst Du eine Treppe, die in die Kugel hineinführt. Das Sonnenkind nimmt Dich an die Hand und führt Dich die Treppenstufen hinauf. Im Innern der Kugel stehen zwei Sessel. Auf dem einen kannst Du Deinen Namen lesen. Dort machst Du es Dir gemütlich. Das Sonnenkind setzt sich in den zweiten Sessel. Über Dir siehst Du den strahlend blauen Himmel, denn die Sonnenkugel hat ein Dach aus Glas. Langsam steigt die Kugel nun auf, und Ihr fliegt dem Land der Sonnenkinder entgegen. **Ganz ruhig und entspannt bist Du.** Du fühlst Dich sicher und geborgen. **Deine Arme und Beine sind schwer. Ganz schwer sind Deine Arme und Deine Beine. Fühl mal, wie schwer Deine Arme und Beine sind . . .**

Eure Sonnenkugel wird langsamer und landet schließlich ganz vorsichtig und ruhig. Das Sonnenkind nimmt Dich wieder an die Hand und führt Dich die Treppenstufen hinab nach draußen. **Ganz warm und wohlig fühlst Du Dich.** Endlich kannst Du das Land der Sonnenkinder kennenlernen. Viele andere Sonnenkinder kommen auf Dich zu und begrüßen Dich herzlich. Jedes Sonnenkind schließt Dich liebevoll in seine Arme. Sie laden Dich zu einem Ausflug ein. Zusammen geht Ihr im Land der Sonnenkinder spazieren. Alles leuchtet so herrlich! Und so angenehm warm ist es hier! Schließlich kommt Ihr an einen kleinen See. Es ist der Sonnensee. Ihr beschließt, darin zu baden. Die Sonnenkinder sagen Dir, daß Du keine Angst zu haben brauchst, denn das Wasser ist nur so tief, daß Du überall gut stehen kannst. Als Du mit Deinen Füßen das Wasser berührst, merkst Du sogleich seine wohltuende Wirkung. **Das Wasser wärmt Deinen ganzen Körper. Deine Arme und Beine sind ganz warm. Spüre mal die angenehme Wärme, die jetzt durch Deinen Körper strömt. Deine Arme und Beine sind ganz warm. Dein ganzer Körper ist ganz angenehm warm. Als Du das Wasser wieder verläßt, kannst Du die Wärme immer noch spüren . . .**
Leider ist es nun an der Zeit, wieder auf Deine Traumwiese zurückzukehren. Die Sonnenkinder begleiten Dich noch ein Stück. Zum Abschied schenken sie Dir einen Sonnenstrahl. Dieser Sonnenstrahl gehört Dir ganz allein. Auf ihm kannst Du wieder hinunter zur Erde gelangen, aber auch jederzeit zu den Sonnenkindern heraufkommen, wenn Du wieder einmal viel Wärme brauchen kannst. Nachdem Du Dich von allen Sonnenkindern verabschiedet hast und alle Dich umarmt haben, setzt Du Dich gemütlich auf Deinen Sonnenstrahl und gleitest ruhig und vorsichtig wieder hinunter auf Deine Traumwiese. Ruhig und entspannt kehrst Du zurück und bist überglücklich, einen Sonnenstrahl zu besitzen, auf dem Du zu jeder Zeit zu den Sonnenkindern gelangen kannst.

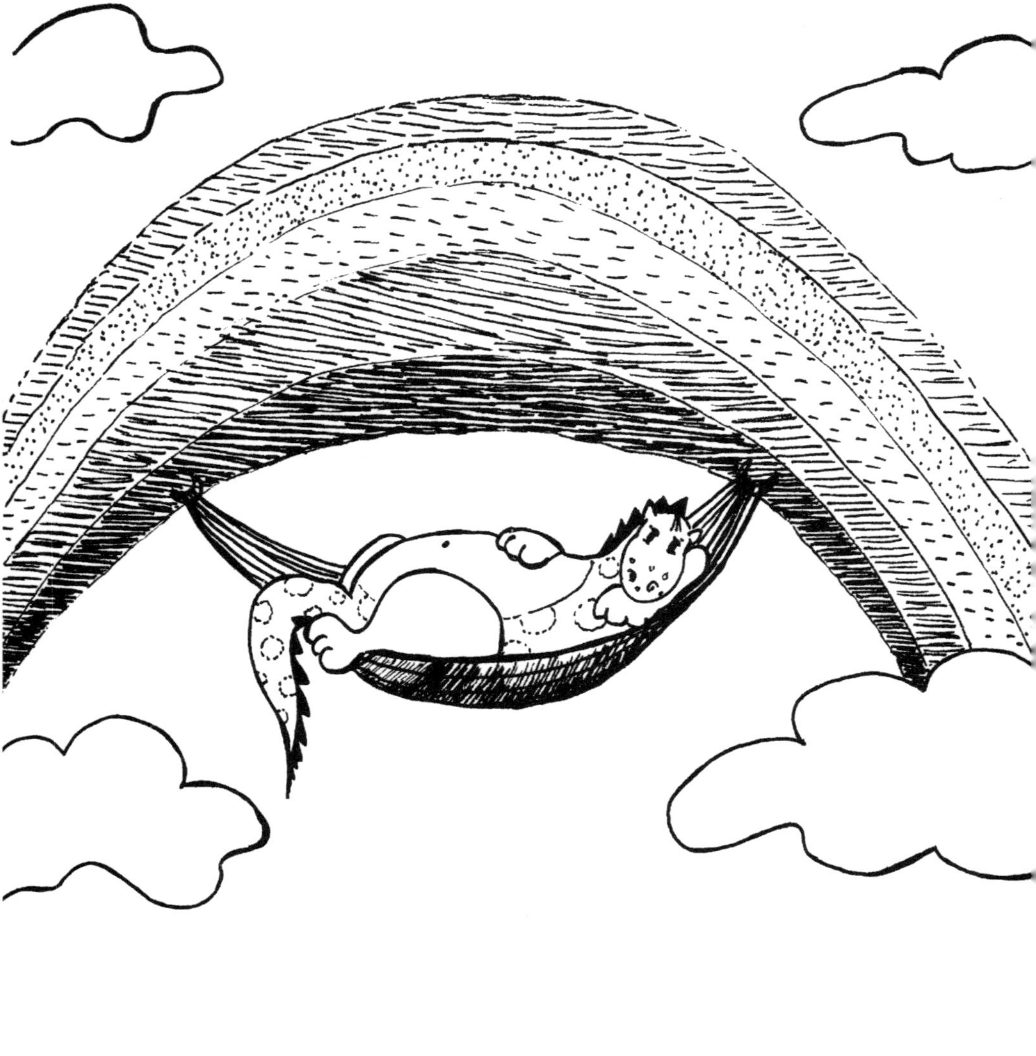

3. Geschichte

Zur Atemübung des Autogenen Trainings

Die Reise zum Regenbogen

Du liegst wieder einmal auf Deiner Traumwiese und fühlst Dich so richtig **ruhig und entspannt.** Dein Tag ist anstrengend gewesen. Du hast viel erlebt und möchtest zur Ruhe kommen. Die Gedanken, die Dir durch den Kopf gehen, läßt Du einfach weiterziehen, denn Du möchtest nun durch nichts gestört werden. Du schließt Deine Augen und beginnst, vor Dich hinzuträumen . . .
Als Du Deine Augen wieder öffnest, siehst Du vor Dir einen kleinen rosaroten Drachen sitzen. „Oh, Entschuldigung", flüstert der Drache, „ich wollte Dich nicht wecken." Du lächelst ihn an, den kleinen rosafarbenen Drachen, denn er sieht so nett und freundlich aus, wie er so zwischen den bunten Blumen sitzt. „Du hast mich nicht geweckt", erwiderst Du, „ich habe nur ein bißchen geträumt. Weißt Du, mein Tag war anstrengend, und ich fühl' mich so müde und schlapp." „Oh", sagt der Drache „vielleicht kann ich Dir da weiterhelfen. Wenn Du willst, lade ich Dich zu einer kleinen Traumreise ein." Die Idee des kleinen Drachen gefällt Dir sehr gut,und Du entschließt Dich, den Drachen auf diese Reise der Träume zu begleiten.
Der kleine rosarote Drache bittet Dich, auf seinem Rücken Platz zu nehmen und beginnt, sacht über Deine Traumwiese dahinzuschweben. Immer höher und höher steigt Ihr in den strahlend blauen Himmel hinauf, bis Ihr an eine schöne, weiße Wolke kommt, die wie Watte aussieht. Der Drache landet auf dieser Wolke. Mit einem Mal beginnt aus dieser Wolke ein wunderschöner Regenbogen zu wachsen. „Komm mit!" fordert Dich der Drache auf. Ihr spaziert nun gemeinsam den Regenbogen hinauf, immer weiter und weiter, bis ihr schließlich oben angekommen seid. Du erkennst eine kuschelige Hängematte, die von dem Regenbogen getragen wird. Der Drache nimmt Dich an seine

Hand, und zusammen macht Ihr es Euch in der Hängematte gemütlich. „So", sagt der Drache, „nun schließ mal Deine Augen und hör mir gut zu!" Während Du so in der Hängematte des Regenbogens eingekuschelt bist, merkst Du, **wie ruhig und entspannt Du bist. Ganz geborgen und sicher fühlst Du Dich** hier oben an der Seite des kleinen Drachen. Leise hörst Du die feine Stimme des Drachen flüstern: **„Deine Arme und Beine sind ganz schwer von dem Spaziergang auf dem Regenbogen. Spüre mal, wie schwer Deine Arme und Beine sind. Ganz schwer sind sie . . . Dann versuche, die Sonne zu spüren, wie sie ihre feinen Strahlen auf Deinen Körper schickt und ihn angenehm wärmt. Ganz warm sind Deine Arme und Beine. Die Wärme der Sonne breitet sich aus, daß Du sie im ganzen Körper spüren kannst . . . Und während Dein Körper ganz geborgen und entspannt in der Hängematte des Regenbogens liegt, nimm einfach mal Deinen Atem wahr. Dein Atem geht ganz ruhig und regelmäßig ein und aus, ein und aus . . . Ganz von allein atmet es in Dir."**

Du spürst die sachte und gleichmäßige Bewegung der Hängematte, die von dem sanften Windzug langsam und ruhig hin- und herbewegt wird. **Ganz genauso ruhig und regelmäßig fließt Dein Atem . . .** Die Stimme des Drachen nimmst Du schon nicht mehr wahr, so entspannt bist Du nun . . .

„Du mußt nun wieder aufwachen!" flüstert Dir der Drache leise ins Ohr und bittet Dich, daß Du Dich kräftig reckst und streckst, so als wolltest Du noch höher in den blauen Himmel hineinwandern. Nachdem Du wieder alle Kraft und Energie gesammelt hast, fliegt Dich der Drache auf Deine Traumwiese zurück. „Na, wie war die Reise zum Regenbogen? Fühlst Du Dich nun frischer?" fragt Dich der Drache. „Prima ausgeruht fühl' ich mich jetzt", antwortest Du ihm. Der Drache lächelt Dich an und verabschiedet sich von Dir: „Wenn Du mich wieder einmal brauchst, dann schließe einfach die Augen und denke an unseren Regenbogen!" Und schon fliegt der rosarote Drache in Richtung Himmel davon. Du schaust ihm noch eine Weile hinterher und kehrst dann munter wieder nach Hause zurück . . .

4. Geschichte

Zur Herzübung des Autogenen Trainings

Zirpara, die kleine Nachtigall

Es ist ein sonniger, warmer Tag. Du hast einen Spaziergang auf Deiner Traumwiese gemacht. Um Dich etwas auszuruhen, hast Du Dich auf die Traumwiese gelegt. Während Du in den blauen Himmel schaust, hörst Du ein leises Wimmern. Du siehst Dich suchend um, aber es ist weit und breit nichts zu sehen. Immer noch hörst Du das leise Wimmern und Schluchzen. Also stehst Du auf und machst Dich auf die Suche. Als Du über die Traumwiese gehst, entdeckst Du vor Dir im Gras eine Nachtigall sitzen. „Ich habe Dein Weinen gehört. Kann ich Dir vielleicht helfen?" sagst Du zu der Nachtigall und kniest Dich neben sie. „Ja, bitte", schluchzt sie. Du hebst die kleine Nachtigall aus dem Gras und gehst mit ihr zu Deiner Decke zurück, die immer noch auf der Traumwiese liegt und auf Dich wartet. Du nimmst Platz und hältst die kleine Nachtigall in Deiner Hand. „Erzähl mir doch, was Dir passiert ist!" bittest Du den Vogel. Und die Nachtigall berichtet, daß sie heute ihren ersten Ausflug unternehmen durfte. Die Mutter hatte sie gebeten, nicht so weit weg zu fliegen. Da das Fliegen aber so viel Spaß gemacht hat, ist sie immer weiter vom Nest weggeflogen . . .
„Ich heiße übrigens Zirpara", beendet die kleine Nachtigall ihre Erzählung. „Weißt Du was, lege Dich erst einmal zu mir auf meine Decke und ruhe Dich eine Weile aus. Danach werden wir gemeinsam Dein Nest suchen, einverstanden?" schlägst Du Zirpara vor. Die kleine Nachtigall ist immer noch völlig außer Atem und ganz aufgeregt. Du nimmst sie in Deine Hand und legst Dich mit ihr auf die bunte Decke . . . **Ganz ruhig und entspannt bist Du . . . Du spürst eine angenehme Schwere in Deinen Armen und Beinen . . . Ganz schwer fühlen sich Deine Arme und Beine an . . .** Die Sonne scheint auf Zirpara und Dich herab . . . **Richtig warm sind Eure Körper . . . Ganz besonders gut kannst Du die Wärme in**

den Armen und Beinen spüren . . . Dein Atem geht ruhig und regelmäßig ein und aus, ein und aus . . . Du spürst, wie das Herz der kleinen Nachtigall Zirpara schlägt . . . Ganz ruhig und regelmäßig schlägt das kleine Herz des Vogels . . . Du spürst das Herz ruhig weiterschlagen . . . Du bist völlig entspannt.

Nun ist es aber an der Zeit, das Nest von Zirpara zu suchen. Gerade als Du aufstehst und die Nachtigall fragen willst, ob sie sich an die Richtung erinnert, aus der sie gekommen ist, siehst Du den kleinen Schmetterling mit einem Vogel über die Wiese fliegen. Als er Dich erblickt, fliegt er auf Dich und Zirpara zu. Der Vogel, der mit ihm unterwegs ist, ist auch eine Nachtigall. Gerade als Du den Schmetterling um Hilfe bitten willst, Euch bei der Suche nach Zirparas Eltern zu helfen, hörst Du den Schmetterling auch schon erleichtert aufatmen: „Ach, hier steckst Du also, Du kleiner Ausreißer! Wir haben Dich schon überall gesucht. Schön, daß wir Dich endlich gefunden haben!" Die Nachtigall, die dem Schmetterling gefolgt ist, ist Zirparas Mutter. Sie hatte sich große Sorgen um ihre Tochter gemacht. Überglücklich schließen sich beide in die Arme. Zirpara bedankt sich zum Abschied bei Dir. Sie schenkt Dir eine ihrer Federn. „Hier. Die Feder wird Dir Glück bringen. Wenn Du mal aufgeregt bist, streiche mit ihr über Dein Herz. Du wirst merken, es wird dann ganz ruhig und regelmäßig weiterschlagen. Komm gut heim . . ." ruft Dir Zirpara noch zu. Dann ist sie schon mit ihrer Mutter am Himmel verschwunden . . .
Auch für Dich ist es Zeit, wieder nach Hause zurückzukehren und die Traumwiese für heute zu verlassen . . .

5. Geschichte

Zur Bauchübung des Autogenen Trainings

Der Ausflug zur Zauberinsel

Wieder einmal befindest Du Dich auf Deiner Traumwiese. Die Sonne scheint, und es ist ein wunderschöner Tag. Du hörst die Vögel, wie sie ihre Lieder singen. Du tollst eine Weile auf der Traumwiese herum, um Dich mal so richtig auszutoben. Nach einiger Zeit läßt Du Dich erschöpft ins weiche, duftende Gras fallen. Da siehst Du einen kleinen Punkt am Himmel, der größer und immer größer wird. Du erkennst den kleinen freundlichen, rosaroten Drachen. Er landet sanft neben Dir und begrüßt Dich herzlich. „Hallo, hast Du Lust , mit mir einen kleinen Ausflug zu machen? Wie wäre es heute mit einer Reise zur Zauberinsel? Du könntest wieder auf meinem Rücken mitfliegen." „Oh, fein. Das find' ich eine tolle Idee!" sagst Du und kletterst auf den Rücken des rosaroten Drachen. Und da fliegt der Drache auch schon los. Du bist begeistert, denn von oben sieht die Welt ganz anders aus. Viele tolle Dinge siehst Du während Eures Fluges. Da erblickst Du unter Dir das blaue, weite Meer. Mitten darin siehst Du eine Insel. Winzig klein wirkt sie von hier oben, aber wunderschön. Das kann nur die Zauberinsel sein, die der Drache gemeint hat. Da setzt der Drache auch schon zur Landung an. Unten angekommen rutschst Du vom Rücken des Drachen und plumpst sachte in den warmen, weichen Sand. Um Dich ein wenig von dem aufregenden Flug zu erholen, legst Du Dich in die Nähe einer Palme und blickst aufs weite, blaue Meer hinaus. In der Ferne siehst Du einige Delphine, die munter im Wasser herumtollen. Da kommt der Drache zu Dir getrottet und kuschelt sich neben Dich in den Sand. Auch er ist erschöpft. „Du", flüstert der Drache, „schau mal die Wellen!" Und tatsächlich: Die Wellen schaukeln sanft und sacht vom Wind bewegt hin und her . . . Ganz ruhig und gleichmäßig bewegen sich die Wellen . . .

Du bist ganz ruhig und entspannt. Beide Arme und beide Beine sind schwer, ganz schwer sind sie nun . . . Du kannst die Schwere richtig fühlen. **Deine Arme und Deine Beine sind angenehm warm.** Die Sonne wärmt Deinen Körper, so daß Du überall die angenehme Wärme spüren kannst . . . Du nimmst **Deinen Atem wahr . . . Er geht ein und aus, ein und aus . . .** Wie die kleinen Wellen im Meer . . . Du kannst richtig fühlen, wie sich Dein Bauch hebt und senkt und dann wieder hebt. **Atmen lassen, atmen lassen**, geht Dir durch den Kopf. Auch Dein Herz fühlst Du. Ganz ruhig und regelmäßig schlägt Dein Herz . . . Du bemerkst, wie die Sonne Deinen Bauch erwärmt, richtig angenehm warm ist er. **Der Bauch strömt angenehm warm . . . Ganz gleichmäßig warm ist Dein Bauch . . .**

Du beobachtest nochmals die Delphine, die so fröhlich und vergnügt herumtoben. Dann möchte der Drache die Zauberinsel wieder verlassen, denn zu Hause warten seine Eltern auf ihn. Er läßt Dich auf seinen Rücken klettern. Als der Drache sich in die Lüfte erhebt, kannst Du die Zauberinsel noch einmal in ihrer ganzen Schönheit betrachten. Die bunten Pflanzen, der warme, weiche Sand, die faszinierenden Palmen, die warme Sonne und auch die lustigen Delphine beobachtest Du im Flug. Zurück geht es über die Wiesen, Felder, Flüsse, Berge und Seen, über die Ihr bei Eurem Hinflug schon geflogen seid . . . Und da landet der Drache wieder auf der Traumwiese . . . Er wünscht Dir einen guten Heimweg. „Also, tschüs und bis bald!" sagt der rosarote Drache und fliegt davon. Du fühlst Dich gut erholt und kehrst heim . . .

6. Geschichte

Zur Stirnübung des Autogenen Trainings

Über den Wolken

Es ist ein sonniger Tag. Du hast auf Deiner Traumwiese wieder Deinen Freund, den kleinen, rosaroten Drachen getroffen. Gemeinsam tollt und tobt Ihr auf der Wiese herum. Der Drache schlägt Dir vor, bei diesem schönen Wetter noch einmal einen Ausflug zu machen. „Was hältst Du davon, auf Deiner bunten Decke einen Flug in den Himmel zu machen? Dort kann man sich die Sonne auf den Bauch scheinen lassen, und der Kopf wird angenehm gekühlt. Dort oben weht nämlich immer ein leichter Wind. Das erfrischt sehr gut an diesem warmen Tag. Hast Du Lust?" fragt Dich der rosarote Drache. „Und ob ich Lust habe. Aber wie soll denn meine Decke fliegen können?" antwortest Du. Dann hörst Du den Drachen noch leise murmeln: „Laß mich nur machen!" Ihr macht es Euch auf der Decke bequem. Und da, ganz vorsichtig, hebt sich Deine Decke mit Euch in die Lüfte . . .
Wie herrlich es hier oben ist! Man fühlt sich so frei . . . Während Ihr durch den blauen Himmel schwebt, merkst Du, **wie ruhig Du bist . . . Deine Arme und Beine fühlen sich angenehm schwer an . . . Ganz schwer sind Deine Arme und Beine nun . . .** Die Sonne, die heute besonders warm ist, schickt Euch einige besonders schöne Strahlen auf die Decke herüber . . . **Ganz warm fühlen sich die Sonnenstrahlen auf Deinen Armen und Beinen an . . .**
Der sanfte Wind, der hier oben weht, schaukelt Eure Decke leicht hin und her . . . **Wie Dein Atem, genauso ruhig und regelmäßig . . . Dein Herz schlägt auch ruhig und regelmäßig, immer im selben Rhythmus . . . Die Sonnenstrahlen wärmen nun auch Deinen Bauch . . .** Du genießt es, Dir die Sonne auf den Bauch scheinen zu lassen . . . Nun kannst Du richtig spüren, wie ein leichter **Wind Deine Stirn streift und sie angenehm kühlt . . .** Das tut gut, denn die Sonne ist heute besonders warm. Ganz

leicht streicht der Windhauch über Deine Stirn . . . Fühle einmal **die angenehme Kühle auf Deiner Stirn . . .**
Du beobachtest, wie zauberhafte Vögel schwerelos an Euch vorüberfliegen. Ihre Federkleider schillern in allen Farben des Regenbogens. Sie singen in hellen, wohlklingenden Tönen, als wollten sie Euch etwas erzählen. Schließlich seid Ihr wieder frisch und munter. Während Ihr zur Wiese zurückfliegt, nimmst Du den **kühlen Luftzug auf Deiner Stirn** noch einmal intensiv wahr . . .
Dann landet Ihr auf der Traumwiese und verabschiedet Euch voneinander. Nun ist es Zeit, nach Hause zu gehen . . .

Diese Geschichte hilft Dir gegen Kopfschmerzen oder wenn Du ein frisches Gefühl bekommen möchtest . . .

Ruhig und klar geht's wunderbar

Du bist ziemlich unruhig. Deine Gedanken kreisen hin und her. Du kannst Dich gerade überhaupt nicht mehr richtig konzentrieren. Du legst Dich auf eine bunte Decke und schließt Deine Augen. **Ganz ruhig und entspannt bist Du nun . . . Beide Arme und beide Beine sind schwer und warm . . . Dein Atem geht ruhig und regelmäßig. Ein und aus, ein und aus . . . Auch Dein Herz schlägt ganz ruhig und regelmäßig . . . Sogar Dein Bauch ist angenehm warm und Deine Stirn ist angenehm kühl . . .** Bunte Farben siehst Du vor Dir. Erst ganz verschwommen, dann immer klarer . . . Einen wunderbaren Duft kannst Du wahrnehmen. Nach einiger Zeit hörst Du eine leise, feine Stimme singen: **„Ruhig und klar geht's wunderbar . . . Ruhig und klar geht's wunderbar . . ."** Als Du nachsehen willst, woher die Stimme kommt, erblickst Du einen bunten Schmetterling, der neben Dir auf einer wunderschönen Blume sitzt. „Schau", sagt er zu Dir. „Ich will Dir helfen. Ich weiß, wie das ist: Man muß etwas erledigen, aber es klappt nicht, weil einem viele andere Dinge durch den Kopf gehen. Ich kann Dir beibringen, wie man es schaffen kann, ganz ruhig und klar im Kopf zu sein, so daß man sich nur noch auf eine einzige Sache konzentrieren kann. Alle anderen Geräusche und Gedanken nimmt man dann kaum noch wahr. Folge mir!" sagt der Schmetterling und fliegt davon. Wie schwerelos schwebt er über die Wiese der Träume dahin und führt Dich zu einer kleinen Quelle. „So", sagt der Schmetterling, „setze Dich auf den Stein dort . . . Spüre, wie Du auf dem Stein sitzt . . . Nimm auch Deinen Atem wahr . . . Ganz ruhig und regelmäßig fließt Dein Atem ein und aus, ein und aus . . . Höre auf die Geräusche dieses Ortes und all das, was Du in diesem Moment wahrnimmst . . ." Du nimmst die Stimme des Schmetterlings wahr, spürst ganz intensiv Deinen

Körper, hörst das leise Sprudeln der Quelle und einige Vögel, die ihre Lieder singen . . . Leise hörst Du den Schmetterling nun wieder flüstern: **„Ruhig und klar geht's wunderbar . . . Ruhig und klar geht's wunderbar." Ganz ruhig bist Du.** Neue Kraft fließt in Dir, und Du merkst, wie aufmerksam Du bist. Du konzentrierst Dich ganz auf den Satz: **„Ruhig und klar geht's wunderbar . . . Ruhig und klar geht's wunderbar . . ."**

„So", sagt der Schmetterling, „sammle nun deine Gedanken und tauche einen Moment die Hände in die Quelle der Kraft." Als Du dem Wunsch des Schmetterlings folgst und Deine Hände das Wasser berühren, spürst Du die Kraft in Dir fließen. Du streichst Dir etwas von dem Wasser der Kraft auf Deine Stirn und bist erstaunt, wie klar Deine Gedanken werden und wie konzentriert Du mit einem Mal bist. „Schau", sagt der Schmetterling, „es ist ganz einfach. Jedesmal, wenn Du einen klaren Kopf brauchst, sage Dir einige Male den Satz vor: **Ruhig und klar geht's wunderbar. Ruhig und klar geht's wunderbar.** Damit findest Du den Weg zu mir und zur Quelle der Kraft. Hier kannst Du Dich entspannen und lernen, Dich nur auf eine einzige Sache zu konzentrieren, ohne daß Dich etwas anderes dabei ablenkt oder stört. Sage mir den Satz noch mal vor, damit ich sicher weiß, daß Du mich jederzeit wiederfinden kannst!" **„Ruhig und klar geht's wunderbar"**, sagst Du, und Ihr verabschiedet Euch voneinander. Während Du noch an den Satz denkst: **Ruhig und klar geht's wunderbar**, bist Du schon wieder nach Hause zurückgekehrt . . .

Eine Geschichte, die Dir helfen kann, Dich zu konzentrieren. Du wirst Dich hinterher frisch und munter fühlen. Auch bei Kopfschmerzen kann Dir diese Geschichte nützlich sein.

Mein Kopf ist kühl, das ist ein gutes Gefühl

Du liegst auf Deiner Traumwiese. Dein Kopf tut weh, weil Du heute so viel erlebt hast. Mit einem Mal nähert sich Dir eine Wolke. Sie kommt fast bis auf Deine Traumwiese heruntergeflogen. „Hallo! Ich möchte Dir helfen. Oben in der Luft ist alles ganz leicht und frisch. Vielleicht kann Dir das bei Deinen Kopfschmerzen helfen. Steig einfach auf. Denk immer an den Zauberspruch: **Mein Kopf ist kühl, das ist ein gutes Gefühl"**, sagt die Wolke mit einer hellen, klaren Stimme zu Dir. Du zögerst nicht lange, kletterst auf die Wolke und machst es Dir dort so richtig gemütlich. Ganz weich und kuschelig ist es hier. Während Du denkst: **Mein Kopf ist kühl, das ist ein gutes Gefühl,** trägt Dich die Wolke langsam in den blauen Himmel hinauf. **Ganz schwer liegen Deine Arme und Beine auf der Wolke,** die Dich sicher trägt . . . Die Sonne **erwärmt mit ihren Sonnenstrahlen Deine Arme und Beine. Ganz angenehm warm fühlen sich Deine Arme und Beine nun an . . . Beide Arme und beide Beine sind ganz warm.** Alles ist so ruhig und still hier oben. Du fühlst Dich frei und ohne Sorgen. In einiger Entfernung siehst Du einen wunderschönen Regenbogen leuchten. Einige Vögel fliegen auf ihn zu. **Dein Atem geht langsam und regelmäßig ein und aus,** so wie die Flügel der Vögel auf- und abgleiten. **Dabei hörst Du Dein Herz schlagen . . . Dein Herz schlägt ganz ruhig und regelmäßig . . . Ein kühler Windhauch streift Dein Gesicht.** Das tut besonders Deiner Stirn sehr gut. **Angenehm kühl fühlt sich Deine Stirn nun an. Die Kühle kannst Du richtig spüren. Mein Kopf ist kühl, das ist ein gutes Gefühl. Mein Kopf ist kühl, das ist ein gutes Gefühl** . . . Du schließt die Augen und genießt die Ruhe und Frische, die von der Luft im Himmel ausgeht. Die Wolke trägt Dich ganz sacht

weiter und immer weiter . . . Du kannst viele andere Wolken sehen, die schwerelos an Dir vorüberfliegen. Immer noch **kühlt der Wind Deine Stirn.** Das tut richtig gut. **Angenehm kühl spürst Du den Wind auf Deiner Stirn.** Er macht den Kopf ganz frei . . .
Langsam, ganz langsam nähert sich die Wolke nun wieder Deiner Traumwiese, von der Ihr losgeflogen seid. Als die Wolke dort ankommt, steigst Du ab. Dein Kopf tut nun gar nicht mehr weh, denn immer noch kannst Du die Kühle auf Deiner Stirn spüren. Die Wolke spricht noch kurz zu Dir mit ihrer klaren Stimme: „Wenn Dir der Kopf wieder einmal weh tut, dann sag einfach den Spruch, den ich dir beigebracht habe: **Mein Kopf ist kühl, das ist ein gutes Gefühl. Mein Kopf ist kühl, das ist ein gutes Gefühl."** Und schon schwebt sie dem Himmel entgegen. **Mein Kopf ist kühl, das ist ein gutes Gefühl**, denkst Du. Prima, die Wolke hat recht, denn wenn die Stirn kühl ist, fühlt man sich viel besser. Fröhlich kehrst Du zurück . . .

Hausaufgaben
Ali ist müde. Er get balt
schlafen. Ina ist auch
(müde) müde. Get Ina auch
schlafen? Ja, Ina auch
auch (schlf.) schlafen soll
schlafen gehn.
Mama liest noch ein Ge-
schichte vor. Ali hört gut
zu Ina hört (er) auch zu
Dan müßen (sie) sie
alle schlafen gen
Diktat
Ina get in die Schuhle.
Ali get in den Kinder-
gatn

Die folgenden Geschichten helfen Dir, konzentriert arbeiten zu können!

An die Arbeit geh' ich mit Ruhe ran und fang' dann erst an

Du sitzt in der Schule an Deinem Platz, und Deine Gedanken kreisen wie wild umher. Vor Dir liegt die Arbeit, die Ihr heute schreibt. Du aber kannst Dich überhaupt nicht konzentrieren. Im Klassenraum ist es einfach zu laut. Auf Dein Blatt malst Du kleine Figuren. Plötzlich kriecht die kleine Schnecke, die Du in Dein Heft gemalt hast, auf Deinem Tisch herum. „Psst", flüstert Dir die kleine Schnecke zu, „komm mit Deinem Kopf mal zu mir herunter!" Noch verwundert darüber, daß Deine Zeichnung auf dem Tisch herumkrabbelt und nun auch noch zu Dir spricht, beugst Du Deinen Kopf zu der Schnecke hinunter. „Du konzentrierst Dich ja gar nicht richtig!" schimpft die kleine Schnecke. „Ich werde Dir mal zeigen, wie Du es besser machen kannst. Bevor Du eine Arbeit schreibst, mußt Du erst zur Ruhe kommen. Dazu setzt Du Dich auf Deinen Stuhl und ruhst Dich aus. Wenn Du magst, schließe Deine Augen, damit Dich nichts mehr ablenken kann . . . Sage Dir dann in Gedanken, **daß Du ganz ruhig bist. Ganz ruhig und entspannt.** Danach sagst Du Dir auch den nächsten Spruch einige Male vor: **An die Arbeit geh' ich mit Ruhe ran und fang' dann erst an.** So, nun sprich den Spruch nach!" Wie war der Spruch noch mal? Ah, genau: **An die Arbeit geh' ich mit Ruhe ran und fang' dann erst an.** Ganz schön schlau von der kleinen Schnecke. „Danke", flüsterst Du ihr zu, „doch nun muß ich meine Aufgaben lösen!" Die Schnecke blinzelt Dir noch einmal zu und wünscht Dir alles Gute. „Nun brauchst Du mich ja nicht mehr. Denk immer an den Spruch: **An die Arbeit geh' ich mit Ruhe ran und fang' dann erst an.** Also mach's gut." Nachdem die Schnecke davongekrochen ist, setzt Du dich gemütlich auf den Stuhl. **Ganz ruhig und entspannt bist Du. An die Arbeit geh' ich mit Ruhe ran und fang' dann erst an,** denkst Du. Und auf einmal fällt Dir auf, daß Dich die Geräusche im Klassenraum gar nicht mehr stören und Du Dich ganz auf Deine Arbeit konzentrieren kannst . . .

Konzentriert klappt's garantiert

Du liegst auf Deiner Traumwiese und denkst daran, daß es Dir oft schwerfällt, ganz konzentriert zu arbeiten. Oft passiert dies in der Schule, wenn Du eine Aufgabe lösen sollst; aber auch bei den Hausaufgaben kommt es vor, daß Dich irgend etwas ablenkt.
Plötzlich steht neben Dir ein Murmeltier. „Vielleicht kann ich Dir helfen", murmelt es und öffnet seinen Koffer. „Komm, setz Dich zu mir in meinen Zauberkoffer. Dann fliegen wir an einen schönen Ort." Da Du im Moment nichts anderes vorhast, setzt Du Dich zu dem Murmeltier in seinen Zauberkoffer. Schon geht es los. Der Koffer beginnt zu fliegen. Er fliegt mit Euch über Wiesen und Berge, Ihr kommt an Flüssen vorbei und an Wäldern. Schließlich siehst Du unter Dir eine kleine Stadt. Dort landet Ihr und steigt aus dem Zauberkoffer. Ihr geht durch die Straßen und kommt auf einen gemütlichen Marktplatz. Es sind viele Leute hier. Einige wollen etwas kaufen, andere möchten ihre Ware verkaufen. Ganz leise vernimmst Du die Worte **„Konzentriert klappt's garantiert. Konzentriert klappt's garantiert".** Du folgst der Stimme und entdeckst am Ende des Marktplatzes einen netten Jungen, der immerzu ruft: **„Konzentriert klappt's garantiert. Konzentriert klappt's garantiert."** „Du hast sicherlich recht mit dem Spruch", sagst Du zu dem Jungen. „Kannst Du mir auch verraten, wie das funktionieren soll? Ich kann mich nämlich oft schlecht konzentrieren. Meist passiert mir das in der Schule. Da ist es immer sehr laut, und es gibt so viele Dinge, die mich ständig ablenken."
Der Junge lächelt Dir zu und zeigt Dir ein paar glitzernde Steine. „Hier", sagt er. „Dies sind die Steine der Konzentration. Wenn Du einen in Deiner Hand hältst und Dir sagst: **Konzentriert klappt's garantiert,** kannst Du ganz prima Dinge erledigen, ohne daß Dich etwas ablenkt. Willst Du es mal ausprobieren?" Der Junge reicht Dir einen Stein. Du nimmst ihn in Deine Hand. Schön fühlt sich der Stein an. Du schließt einen Moment Deine Augen und sagst: **„Konzentriert klappt's garantiert."** Schon merkst Du, daß Dich nichts mehr ablenkt und Du ganz konzentriert bist. „Wenn Du willst, schenk' ich Dir den Stein", sagt der Junge und wünscht

Dir viel Glück. Fröhlich kehrst Du mit dem Murmeltier zum Zauberkoffer zurück. „Darf ich den Koffer mal fliegen?" fragst Du das Murmeltier. „Es ist nicht so leicht. Man muß sich gut konzentrieren und sich dann vorstellen, wohin man möchte", sagt das Murmeltier. „Das schaff' ich", sagst Du und nimmst Deinen Stein in die Hand. Dann denkst Du: **Konzentriert klappt's garantiert. Konzentriert klappt's garantiert.** Und schon fliegt Dich der Koffer zurück auf Deine Traumwiese. Du freust Dich schon auf morgen, denn da möchtest Du sofort den Stein in der Schule ausprobieren . . .

Wenn Du manchmal ängstlich bist und Mut brauchst, solltest Du Dir diese Geschichte ansehen.

Der Glaskristall hilft Dir überall

Du liegst nachdenklich auf Deiner Traumwiese. Du mußt daran denken, daß Du Dich vor so vielen Dingen fürchtest und oft Angst hast. Zum Beispiel wenn Du allein zu Hause bist oder abends im Bett, wenn alles so still und dunkel ist . . .
Auf einmal siehst Du am Himmel ein silbernes Raumschiff. Als es näher kommt, erkennst Du darin zwei kleine grüne Männchen, die Dir freundlich zuwinken. Als das silberne Raumschiff auf Deiner Traumwiese gelandet ist, klettern die beiden kleinen, ganz und gar grünen Männchen heraus. „Hallo, hallo", rufen sie Dir freundlich zu. Die beiden sehen lustig aus: Auf ihren Köpfen wachsen jede Menge grüne Haare, und rechts und links am Kopf haben sie zwei Fühler, die Dich an kleine Antennen erinnern. Du mußt kichern. Die beiden Männchen scheint das nicht zu stören. Sie kichern mit Dir und stellen sich vor: „Hallo, ich bin Flori", sagt der eine. „Und ich bin Fliro", kichert der andere. „Hast Du Lust auf einen Ausflug ins All? Wir möchten Dir helfen, damit Du keine Angst mehr zu haben brauchst. Wir kennen nämlich einen Glaskristall, der Dir weiterhelfen könnte. Dieser Kristall hilft Kindern, die oft Angst haben. Wir könnten Dich zu ihm bringen." Du bist sofort einverstanden, und Flori und Fliro führen Dich in ihr Raumschiff. Du darfst Dich in einen richtigen Raumfahrtsstuhl setzen. Nachdem Ihr drei Euch angeschnallt habt, steigt das Raumschiff in den Himmel auf. **Du fühlst Dich bei Flori und Fliro sicher und geborgen. Du merkst, wie ruhig und entspannt Du jetzt bist,** weil Du weißt, daß Du nun bald keine Angst mehr zu haben brauchst. Das Raumschiff steigt höher und höher. Du sitzt ganz fest in Deinem Raumfahrtsstuhl. Dabei spürst Du, **wie schwer Deine Arme und Beine sind . . . Du spürst in Deinem Körper eine angenehme Schwere . . .** Dann landet das Raumschiff. Als

Du aussteigst, **spürst Du eine angenehme Wärme** und ein Leuchten. Du gehst dem hellen Leuchten entgegen und erkennst, daß es ein großer Kristall ist, von dem diese Wärme und dieses Leuchten ausgehen. Flori und Fliro kommen hinter Dir her: „So", sagen die beiden. „Du mußt erst eine Aufgabe lösen, bevor Du den Glaskristall bekommen kannst. Und zwar mußt Du den Spalt überwinden, der Dich von dem Glaskristall trennt. Denk immer daran – **Der Glaskristall hilft Dir überall, der Glaskristall hilft Dir überall** – dann wirst Du alles schaffen können. Sag Dir den Zauberspruch ruhig in Gedanken einige Male vor. Viel Glück!" Dir ist ganz schön mulmig zumute: „Kommt Ihr beiden denn nicht mit?" fragst Du Flori und Fliro. „Nein", rufen sie Dir zu, „das mußt Du alleine schaffen, aber denk daran – **Der Glaskristall hilft Dir überall."** Mit langsamen Schritten näherst Du Dich dem Spalt in der Erde, der Dich von dem Glaskristall trennt. Zweifel steigen in Dir auf: Wie soll ich denn über den Spalt kommen? So weit springen kann ich nicht . . . Aber Dein größter Wunsch ist auch, endlich die blöde Angst loszuwerden . . . Du stehst nun direkt vor dem Spalt. Wie war das noch? Was soll ich denken? **Der Glaskristall hilft Dir überall? Ja, das war es: Der Glaskristall hilft Dir überall . . .** Und während Du Dich auf diesen Zauberspruch konzentrierst, siehst Du mit einem Mal die leuchtenden Strahlen des Glaskristalls einen Bogen über den Spalt leuchten. **Der Glaskristall hilft Dir überall** – Du stellst vorsichtig einen Fuß auf den hellen Strahl des Kristalls und tatsächlich, er trägt Dich. Ganz unbeschwert kannst Du mit Hilfe des leuchtenden Strahls über die Bodenspalte gelangen. Stolz und glücklich kommst Du auf der anderen Seite an und gehst auf den Glaskristall zu. Du vernimmst eine helle, zarte Stimme: „Bravo, das hast Du sehr gut gemacht! Du brauchst den Glaskristall nun nicht mehr, denn Du hast erkannt, daß Dir der Zauberspruch auch ohne den Glaskristall geholfen hat. Doch als Dank für Deinen Mut, den Du bewiesen hast, bekommst Du ein Amulett, auf dem der Zauberspruch geschrieben steht. Viel Glück!" Dann ist es still. Vor Dir auf dem Boden liegt ein wunderschönes Amulett. Du hängst es Dir um den Hals und machst Dich auf den Weg zu Flori und Fliro. Da siehst Du wieder den Spalt vor

Dir. Du atmest ein paarmal tief ein und aus, schließt die Augen und denkst: **Der Glaskristall hilft Dir überall – Der Glaskristall hilft Dir überall;** und schon schickt der Glaskristall seine Strahlen über den Spalt, so daß Du unbeschwert hinübergehen kannst. „Bravo! Großartig!" begrüßen Dich Flori und Fliro. Ihr tanzt alle drei vor Freude und macht Euch dann auf zum Raumschiff, mit dem Dich die beiden wieder auf Deine Traumwiese bringen. Überglücklich kehrst Du von Deinem Ausflug zurück und freust Dich darauf, den Zauberspruch – **Der Glaskristall hilft Dir überall** – anwenden zu können . . .

Mir geht's gut, denn ich hab Mut

Du machst einen Spaziergang auf Deiner Traumwiese. Es ist ein schöner Tag. Du gehst weiter und weiter, bis Du an eine Zauberquelle kommst. Da Du Dich von Deinem Spaziergang etwas ausruhen möchtest, setzt Du Dich und lehnst Deinen Rücken an einen Baum. Plötzlich vernimmst Du ein leises Jammern, das von der anderen Seite der Zauberquelle zu kommen scheint. Du stehst wieder auf und schaust hinüber. Du kannst nichts erkennen. Das Jammern wird lauter. Da entdeckst Du ein kleines Eichhörnchen, das neben einem Baum hockt und weint. Du möchtest dem kleinen Tier gerne helfen, doch wie sollst Du nur über die Zauberquelle gelangen? Ah, dort hinten siehst Du einen kleinen, schmalen Steg. Als Du ihn beim Näherkommen begutachtest, siehst Du, daß er sehr schmal ist. Du traust Dich nicht, ihn zu überqueren. Auf der anderen Seite aber sitzt das Eichhörnchen und weint. Vor Deinen Füßen sprudelt das Wasser. Du hast immer noch Angst. Ganz leise vernimmst Du eine Stimme, die immerzu ruft: **„Mir geht's gut, denn ich hab Mut. Mir geht's gut, denn ich hab Mut . . ."** Hinter Dir siehst Du einen Hasen, der diesen Spruch immer und immer wieder fröhlich ruft: **„Mit geht's gut, denn ich hab Mut, mit geht's gut, denn ich hab Mut!"** Der Hase hoppelt heran. „Na, traust Du Dich etwa nicht rüber? Weißt Du, ich heiße Peppo. Früher haben mich alle immer nur Angsthase genannt. Doch jetzt habe ich keine Angst mehr. Im Gegenteil, ich hab ganz viel Mut, denn Mut tut gut. Angst zu haben, finde ich ganz schön blöd. Du nicht auch?"
Da hockt er vor Dir im Gras, der Hase Peppo. Du kannst Dir überhaupt nicht vorstellen, daß dieser kleine, vorlaute Kerl schon einmal Angst gehabt hat. Was hat er Dich gerade gefragt? Ob Du Angst auch blöd findest? „Natürlich finde ich es blöd, Angst zu haben. Aber ich habe oft Angst und kann nichts daran ändern!" „Doch, kannst Du wohl", widerspricht Dir Peppo. „Du mußt einfach mal Deine Augen schließen. Atme ein paarmal tief ein und aus . . . Dann merkst Du schon, wie beruhigend das wirkt. Und zum Schluß darfst Du nicht vergessen, Dir in Gedanken ein paar-

mal den folgenden Satz zu sagen: **Mir geht's gut, denn ich hab Mut. Mir geht's gut, denn ich hab Mut . . .** Los, versuch's mal!"
Na gut, schaden kann es ja nicht! Und wenn der Spruch **„Mir geht's gut, denn ich hab Mut** wirklich hilft, wäre das gar nicht schlecht. Du schließt Deine Augen und atmest einige Male ganz tief ein und aus. Und wirklich, Du spürst, **wie ruhig und entspannt Du mit einem Mal bist. Mir geht's gut, denn ich hab Mut. Mir geht's gut, denn ich hab Mut,** sagst Du Dir in Gedanken. Dabei setzt Du vorsichtig einen Schritt vor den anderen, bis Du auf der anderen Seite der Zauberquelle angelangt bist. „Hurra, es hat geklappt!" ruft Dir Peppo zu und hoppelt über den Steg zu Dir herüber. Da hört Ihr das Eichhörnchen wieder weinen. „Was hast Du denn?" fragt Peppo, der Hase. „Ach, wißt Ihr", schluchzt das Eichhörnchen, „ich bin noch klein und muß nun lernen, von Ast zu Ast zu springen. Aber ich hab furchtbare Angst dabei." „Oh", erwidert Peppo. „Ich glaube, da können wir Dir weiterhelfen, nicht wahr?" Er schaut in Deine Richtung. „Komm, erkläre es unserem Freund, dem kleinen Eichhörnchen!"
Du setzt Dich zu dem Eichhörnchen. „Paß auf, es ist ganz einfach. Wenn Du Angst hast oder mal ganz viel Mut brauchst, schließe Deine Augen für einen Moment. Atme tief ein und aus. Wenn Du dann ruhig bist, sprich Dir den Spruch: **Mir geht's gut, denn ich hab Mut,** vor. Du wirst sehen, das hilft. Mir hat er gerade auch geholfen, die Zauberquelle zu überqueren."
Das Eichhörnchen hat Dir aufmerksam zugehört. „Gut, ich werde es ausprobieren", sagt es und klettert einen Baumstamm hinauf. Oben setzt es sich auf einen Ast und schließt die Augen. Nachdem es tief ein- und ausgeatmet hat, flüstert es sich immerzu vor: **„Mir geht's gut, denn ich hab Mut, mir geht's gut, denn ich hab Mut . . ."** Und sieh da, schon springt es von einem Ast zum anderen. „Ja, es klappt, ich kann es. Vielen, vielen Dank, Ihr beiden", ruft Euch das Eichhörnchen zu und springt mit großen Sprüngen auf einen anderen Baum.
Auch für Dich ist es an der Zeit, nach Hause zu gehen. Doch erst wirst Du die Zauberquelle überqueren müssen. Du gehst zu dem schmalen Steg und schließt Deine Augen. **Dann atmest Du ein**

und aus . . . Wieder spürst Du, wie ruhig und entspannt Du bist. Mir geht's gut, denn ich hab Mut, mir geht's gut, denn ich hab Mut . . . Und schon bist Du auf Deiner Traumwiese. Du bedankst Dich bei Peppo und schaust ihm noch eine Zeitlang hinterher, wie er frohen Mutes über die Traumwiese dahinhoppelt. Dann verläßt auch Du die Traumwiese für heute . . .

4. Nachwort

Liebe Eltern,

ich hoffe, daß Sie mit Hilfe dieses Buches einen Einblick in das „Autogene Training für Kinder" bekommen haben und daß Ihr Kind Gefallen daran gefunden hat. Ich werde Ihnen an dieser Stelle noch einige Tips und Ratschläge mit auf den Weg geben.

Versuchen Sie Ihrem Kind regelmäßig Pausen und Ruhephasen im Alltag zu schaffen. Stellen Sie sich vor, Sie fahren mit dem Fahrrad einen steilen Berg hinunter. Wenn Sie dabei nicht regelmäßig bremsen, wird es Ihnen wohl kaum gelingen, das Fahrrad schnell zum Stillstand zu bringen. So ist es auch bei einem Kind. Wenn es keine Ruhephasen am Tag hat, kann es passieren, daß ein Kind am Abend so „überdreht" ist, daß es nicht einschlafen kann. Ruhe ist außerdem wichtig, um die Ereignisse, Eindrücke und Anforderungen des Tages zu verarbeiten. Fehlt sie, so können sich als Folge psychosomatische Erkrankungen einstellen.

Sorgen Sie dafür, daß Ihr Kind nach der Schule erst einmal zur Ruhe kommt. Nach dem Mittagessen wäre es eine günstige Zeit, Autogenes Training zu üben. Ihr Kind kann so neue Energie sammeln und sich im Anschluß wesentlich konzentrierter an die Hausaufgaben setzen und zügiger arbeiten.

Kontrollieren Sie den Wochenablauf Ihres Kindes! Überprüfen Sie, ob es nicht zu viele feste Termine im Leben Ihres Kindes gibt. Ein Kind benötigt auch einen Freiraum, in dem es lesen, sich verabreden, spielen oder draußen auf Entdeckungstour gehen kann. Achten Sie auch auf den Medienkonsum Ihres Kindes. Ein Kind, das viel fernsieht, hat auch sehr viel zu verarbeiten. Es kann zu einer Reizüberflutung kommen, der das Kind nicht gewachsen ist. Suchen Sie gemeinsam mit Ihrem Kind bestimmte kindgerechte Sendungen aus, die in einem zeitlich relevanten Rahmen liegen.

Wenn Sie Zeit haben, könnten Sie gemeinsam mit Ihrem Kind Unternehmungen machen: einen Waldspaziergang, im Wald eine Bude oder an einem Bach einen Staudamm bauen, Naturgegenstände sammeln etc. Das Kind befriedigt so seinen natürlichen Bewegungsdrang, kommt an die frische Luft und hat außerdem die Möglichkeit, die Natur neu zu entdecken. Es ist z. B. sehr interessant, durch den Wald zu gehen und auf Geräusche zu achten. Vielleicht gibt es Bäume, die Geschichten erzählen? Lassen Sie Ihrer Phantasie freien Lauf . . .

Achten Sie darauf, zu Hause eine ruhige, gemütliche Atmosphäre zu schaffen. Wenn Sie auch unter Termindruck stehen und von Streß geplagt sind, wird Ihr Kind sich meist nicht anders verhalten. Überprüfen auch Sie Ihre Termine! Es ist bestimmt möglich, das schmutzige Geschirr oder die Wäsche liegen zu lassen

und stattdessen mit Ihrem Kind etwas zu unternehmen. Auch Ihnen wird es gut tun, sich etwas Ruhe zu gönnen und abzuschalten.
Vielleicht haben Sie Lust, sich das Autogene Training von Ihrem Kind „beibringen" zu lassen? Sie könnten Ihrem Kind vorschlagen, daß Sie die Rollen tauschen und auch Sie sich mal erholen wollen. Wenn Ihr Kind schon lesen kann, könnte es Ihnen zur Abwechslung eine Geschichte vorlesen. Ihr Kind wäre von dieser Idee bestimmt begeistert.

Wenn Sie sich entschieden haben, Autogenes Training selbst zu erlernen oder Ihr Kind in einem Kurs anzumelden, sollten Sie auf folgende Dinge achten:

- Das Alter der teilnehmenden Kinder sollte höchstens 2 Jahre auseinander liegen.

- Die Gruppenstärke im Kurs für Kinder sollte auf maximal 6 Teilnehmer beschränkt sein und sollte auch bei Erwachsenen 8 bis 10 Personen nicht überschreiten! Sonst ist es dem Kursleiter überhaupt nicht möglich, auf individuelle Fragen und Probleme einzugehen.

- Erkundigen Sie sich nach dem Kursleiter. Fragen Sie nach seiner Ausbildung! Es gibt leider mittlerweile Institute, die die Ausbildung im Autogenen Training innerhalb einer Woche durchführen! Die Seriosität einer derart kurzen Ausbildung ist in einigen Fällen anzuzweifeln.

- Wenn die Möglichkeit besteht, melden Sie sich oder Ihr Kind persönlich bei dem Kursleiter an. So bekommen Sie einen ersten Eindruck und Sie haben Gelegenheit, Kursinhalte oder andere Dinge, die für Sie wichtig sind, zu klären.

Meist bieten örtliche Krankenkassen, Familienbildungsstätten, Diplom-PädagogInnen oder PsychologInnen Kurse im Autogenen Training an. Erkundigen Sie sich auch bei Ihrer Krankenkasse. Häufig sind diese bereit, die Kursgebühr zum Teil zu übernehmen!
Falls Sie spezielle Fragen oder Anregungen haben, die mich und meine Arbeit betreffen, können Sie sich auch an mich persönlich wenden.

Ihre
Sabine Seyffert

5. Weiterführende, empfehlenswerte Literatur

- **Hörst du die Stille?**
  Reinhard Brunner / Kösel Verlag 91

- **Bewegen und entspannen**
  Ursula Rücker – Vogler / Ravensburger Verlag

- **Kinder ohne Streß**
  Bd. 1 „Bewegung im Schneckentempo"
  Bd. 2 „Im Wunderland der Phantasie"
  Bd. 3 „Reise mit dem Atem"
  Bd. 4 „Zauberhände"
  Klaus Vopel / Iskopress 89

- **Selbsterfahrung mit Kindern und Jugendlichen**
  Eva Manteufel, Norbert Seeger / Kösel Verlag 92

- **Schmusekissen – Kissenschlacht**
  Annette Breucker / Ökotopia Verlag 93

- **Bewegen und Entspannen nach Musik**
  Monika Fink, Ralph Schneider / Verlag an der Ruhr

- **Meditieren mit Kindern**
  Monika Fink, Ralph Schneider / Verlag an der Ruhr

- **Stilleübung mit Kindern**
  Gerda und Rüdiger Maschewitz / Kösel 93

- **Anleitung zum Autogenen Training mit Kindern**
  Dr. med. Patricia Aden / Daedalus Verlag 92

- **Kreative Entspannung im Kindergarten**
  Volker Friebel, Sabine Friedrich / Lambertus Verlag 93

Musikbär – Entspannung und Phantasie

Musikbär – Meditation

Musik zum Ausruhen, Entspannen, Träumen und Abschalten vom Alltag. Wundervoll fließende Melodien und zauberhafte Klänge versetzen den Hörer rasch in einen Zustand der Entspannung und führen zu innerer Ruhe und Harmonie. Für Kinder, Jugendliche und Erwachsene.

Paul G. Walter
Ein Lächeln hinter der Maske
MC PGW 051
(ISBN 3-928821-49-0)
CD PGW 051C
(ISBN 3-928821-63-6)

Paul G. Walter
Im Garten der Sonne
MC PGW 052
(ISBN 3-928821-64-4)
CD PGW 052C
(ISBN 3-928821-65-2)

Paul G. Walter
Szahrrar
Hoch oben in den Bergen von Azir wohnt in einer Höhle Szahrrar, der Eremit. Begleiten Sie ihn auf der Suche nach dem eigenen „Ich". Meditative Fantasy-Musik für Jugendliche und Erwachsene.
MC PGW 053
(ISBN 3-928821-66-0)
CD PGW 053C
(ISBN 3-928821-67-9)

Musikbär – Entspannungscassetten für Kinder von Kindern geliebt – von Fachleuten empfohlen

Kinder brauchen Ruhe und Stille

In unserer schnellebigen Zeit der Hektik, der Reizüberflutung und ständigen Geräuscheberieselung leiden schon die Kleinsten unter Symptomen wie Streß, Unruhe, Anspannung, Konzentrationsstörungen und Ängsten. Die Folge davon sind Einschlaf- und Entspannungsprobleme. Als gute Hilfe für Kinder, selbst mit Schwierigkeiten besser umgehen zu können, dienen Cassetten mit Texten und Musik zur Förderung von Ruhe und Entspannung. Sie helfen Kindern, sich zu entspannen, abzuschalten, neue Kräfte zu sammeln, Probleme und Ängste besser zu bewältigen und einen Weg zurück zu Ruhe und Stille zu finden.

Elke Bräunling / Paul G. Walter
Viel Glück, kleiner Bär
Phantasiereise zur Entspannung

Der kleine Bär ist traurig und alleine. Er möchte gerne toben, spielen, lachen und herumblödeln. Deshalb macht er sich auf die erlebnisreiche Suche nach einem Freund. Eine musikalische Geschichte mit Liedern zur Förderung von Ruhe, Entspannung und Phantasie. Begleitbuch zum Vorlesen mit Bildern und Praxisteil (Geschichten, meditative Texte, Gedichte, Rätsel, Stilleübungen, Lieder, Spiele etc.) zum spielerischen Umgang mit Entspannungsübungen, Phantasiereisen und kindlicher Kreativität. Empfohlen für Familie, Kindergarten und Grundschule.

MC PGW 054 (ISBN 3-928821-68-7)
CD PGW 054C (ISBN 3-928821-69-5)
Buch PGW 054B (ISBN 3-928821-76-8)

Sabine Friedrich/Volker Friebel/Paul G. Walter

Mach's gut, kleiner Bär

Entspannung für Kinder

Mit Singen, Spielen, Tanzen, Beerenpflücken und einem Ausflug in den Wald verbringt der kleine Bär einen ereignisreichen Tag. Eine Geschichte mit Liedern und meditativer Instrumentalmusik zur Förderung von Ruhe und Entspannung. Begleitbroschüre mit Anleitungen zum Abbau von Streß, Unruhe, Ängsten und Konzentrationsschwächen.

MC PGW 040 (ISBN 3-928821-12-1)
Begleitheft PGW 040B (ISBN 3-928821-06-7)

Sabine Friedrich/Volker Friebel/Paul G. Walter

Nur Mut, kleiner Bär

Entspannung zur Angstbewältigung

Im Wald bekommt es der kleine Bär mit der Angst zu tun. Da lernt er einen Zauberspruch kennen, und mit dessen Hilfe meistert er alle Gefahren. Eine Geschichte mit Liedern und meditativer Instrumentalmusik zur Bewältigung von Unruhe und Angst. Begleitbroschüre mit Sachinformationen für Eltern und Erzieher und einer kleinen Einführung für Kinder.

MC PGW 048 (ISBN 3-928821-16-4)
Begleitheft PGW 048B (ISBN 3-928821-17-2)

Sabine Friedrich/Volker Friebel/Paul G. Walter

Gute Nacht, kleiner Traumbär

Entspannung bei Einschlafproblemen

Der kleine Traumbär ist müde und macht sich am Abend auf die Suche nach seiner Schlafhöhle. Eine Geschichte mit Liedern und meditativer Instrumentalmusik als Einschlaf- und Gute-Nacht-Musik. Begleitbroschüre mit Schlaf- und Einschlafhilfen für Kinder, Eltern, Erzieher und Lehrer.

MC PGW 032 (ISBN 3-928821-11-3)
Begleitheft PGW 032B (ISBN 3-928821-00-8)

Sabine Friedrich/Volker Friebel/Paul G. Walter

Besuch mich mal auf meiner Insel

Entspannungsgeschichten für Kinder mit Musik

Geschichten von der Trauminsel, vom ängstlichen Kätzchen, vom fliegenden Teppich, vom Schlummerland, vom Igel, der das Denken vergißt und von der Reise ins Land der Lieder. Der MC-Spiegel enthält einen kurzen Entspannungstext mit Anleitungen zu „Ruhe – Schwere – Wärme". Er kann als selbständige Übung verwendet oder vor den einzelnen Geschichten vorgelesen werden.

MC PGW 020 (ISBN 3-928821-10-5)

Musikbär Phantasiereisen

Musikalische Geschichten mit Liedern und meditativer Musik zur spielerischen Förderung kindlicher Phantasie aus Alltagssituationen heraus zum Übergang in einen Zustand der Ruhe und Entspannung.

Reihe Mia Fantasia – Phantasiereisen für Kinder

Elke Bräunling/Paul G. Walter

Mia Fantasia I und die Zauberschaukel

Phantasiereise für Kinder

Mia ist traurig. Da entdeckt sie die Zauberschaukel, die sie zu einer Wolkenreise einlädt. Diese Reise führt sie in die Himmelswelt. Dort hilft sie einer kleinen Schäfchenwolke, ihre Herde wiederzufinden. Eine musikalische Geschichte mit Liedern und meditativer Musik.

MC PGW 044 (ISBN 3-928821-14-8)

Elke Bräunling/Paul G. Walter

Mia Fantasia II und das Spielzeugland

Phantasiereise für Kinder

Mia ist zum Toben aufgelegt, doch niemand spielt mit ihr. Da reist sie mit ihrem Teddy Papu auf der Zauberschaukel ins Spielzeugland, wo sie viele neue Freunde findet. Eine musikalische Geschichte mit Liedern und meditativer Musik.

MC PGW 045 (ISBN 3-928821-15-6)

Elke Bräunling/Paul G. Walter

Mia Fantasia III und der Traumgeist

Phantasiereise für Kinder

Mia fürchtet sich vor dem Traumgeist, der manchmal nachts vor ihrem Bett steht und ihr schreckliche Angst einjagt. Auf einer Zauberschaukelreise aber stellt sie fest, daß auch Traumgeister sich fürchten, vor Dingen, die eigentlich – für Mia – gar nicht beängstigend sind.

MC PGW 046 (ISBN 3-928821-18-0)

Begleitbuch zu der erfolgreichen MC-Serie

MIA FANTASIA

lesen – zuhören – anschauen – singen – spielen . . .

Elke Bräunling

Mia Fantasia 1

Die Zauberschaukel / Im Spielzeugland

lesen – zuhören – anschauen – singen – spielen . . .

Vorlesebuch mit den Abenteuern von Mia Fantasia, Bildern und Praxisteilen, die mit einer bunten Vielfalt von Geschichten, Bildern, meditativen Texten, Stilleübungen, Gedichten, Rätseln, Liedern, Tänzen, Spielen und Spielanleitungen die kindliche Phantasie ansprechen und in vielfältiger Weise Anregungen zur Entfaltung von Kreativität und eigenen Ideen bieten.

Buch PGW 044B (ISBN 3-928821-74-1)

Elke Bräunling/Paul G. Walter

Komm mit ins Land der Phantasie

Instrumentalmusik zur Entfaltung kindlicher Phantasie und Kreativität

Zu zehn Phantasiegeschichten werden Instrumentalmusiken angeboten, die die einzelnen Geschichten musikalisch interpretieren.
Die Geschichten und Anleitungen im Begleitheft bieten Möglichkeiten, individuell und kreativ in der Gruppe zu arbeiten und der Phantasie einen ureigenen Gestaltungsraum zu ermöglichen. MC und Buch werden als Medien eingesetzt mit dem Ziel, Konzentration, Phantasie, Kreativität, Bewegung und aktives Tun im Zustand der Ruhe und Entspannung zu fördern. Empfohlen und praxiserprobt für Erzieher, Pädagogen, Psychologen und Familien in der Arbeit mit Kindergruppen ab 5 Jahren.

MC PGW 035 (ISBN 3-928821-13-X)
Begleitheft PGW 035B (ISBN 3-928821-35-0)

Im Land der Phantasie

CD PGW 035 C (ISBN 3-928821-62-8)
ergänzend zu Broschüre und MC „Komm mit ins Land der Phantasie"

Musikbär Betthupferl

MUSIKBÄR-BETTHUPFERL I

Elke Bräunling/Alfons Schweiggert/ Paul G. Walter

Ich bin noch nicht müde, Papa!
Geschichten, Lieder, Gedichte und meditative Musik rund ums Einschlafen und Zubettgehen.

Als der Sandmann zu spät zur Fete kam / Jetzt ist Schluß! Marsch ins Bett / Abendwünsche / Mama, du, ich hab' noch Durst / Wenn der Bär schlafen geht / Der Sandmann wünscht Gute Nacht u.v.m.

MC PGW 049 (ISBN 3-928821-47-4)

MUSIKBÄR-BETTHUPFERL II

Elke Bräunling/Alfons Schweiggert/Paul G. Walter

Der Sandmann und das Traumschäfchen
Geschichten, Lieder, Gedichte und meditative Musik rund ums Reich der Träume.

Als sich das Traumschäfchen beim Sandmann beschwerte / Die Träumeschaukel / Der Nachtgeist und die Traumfee / Wenn mein Bett ein Raumschiff wär' / Was ich heut' gerne träumen will u.v.m.

MC PGW 050 (ISBN 3-928821-48-2)